骨干院校建设项目成果教材

高尔夫球战术训练

安铁民　主编

人民体育出版社

辽宁职业学院国家骨干高职院校项目教材建设委员会

主　　任　　王丽桥　　张立华

副主任　　潘国才　　苏允平　　左广成　　李卉敏

委　　员　（按姓氏笔画为序）

卜春华	于　伟	马国良	马爱民	井大军
王业刚	王晓俊	王铁成	卢洪军	刘士新
刘志刚	刘晓峰	孙　智	孙佳妮	曲长龙
曲明江	池秋萍	许　静	吴会昌	张　玲
张　博	张义斌	李　刚	李　颖	李凤光
李东波	杨　明	林晓峰	赵学玮	高仁松
高洪一	黄文峰	魏劲男	魏忠发	

《高尔夫球战术训练》编写组

主　　编　安铁民（辽宁职业学院）

副 主 编　魏忠发（辽宁职业学院）
　　　　　肖相霍（辽宁职业学院）
　　　　　杨　东（辽宁职业学院）
　　　　　于霜楠（辽宁职业学院）
　　　　　董德杰（辽宁职业学院）

参编人员
　　　　　穆　雪（辽宁职业学院）
　　　　　商　亮（辽宁职业学院）
　　　　　孙维东（辽宁职业学院）
　　　　　王熙淏（辽宁职业学院）
　　　　　李立源（铁岭龙山国际高尔夫培训俱乐部）
　　　　　李国婷（黑龙江冰雪体育职业学院）
　　　　　王　伟（辽宁林业职业技术学院）

序

《国务院关于加快发展现代职业教育的决定》（国发〔2014〕19号）中提出加快构建现代职业教育体系，随后下发的国家现代职业教育体系建设规划（2014—2020年）明确提出建立产业技术进步驱动课程改革机制，按照科技发展水平和职业资格标准设计课程结构和内容，通过用人单位直接参与课程设计、评价和国际先进课程的引进，提高职业教育对技术进步的反应速度，到2020年，基本形成对接紧密、特色鲜明、动态调整的职业教育课程体系；建立真实应用驱动教学改革机制，推动教学内容改革，按照企业真实的技术和装备水平设计理论、技术和实训课程；推动教学流程改革，依据生产服务的真实业务流程设计教学空间和课程模块；推动教学方法改革，通过真实案例、真实项目激发学习者的学习兴趣、探究兴趣和职业兴趣，这为国家骨干高职院校课程建设提供了指针。

辽宁职业学院经过近十年来高职教育改革、建设与发展，特别是近三年国家骨干校建设，创新"校企共育，德技双馨"的人才培养模式，提升了教师教育教学能力，在课程建设尤其是教材建设方面成效显著。学院本着"专业设置与产业需求对接、课程内容与职业标准对接、教学过程与生产过程对接"的原则，以学生职业能力和职业素质培养为主线，以工作过程为导向，以典型工作任务和生产项目为载体，立足岗位工作实际，在认真总结、吸取国内外经验的基础上开发优质核心课程特色系列教材，体现出如下特点：

1. 教材开发多元合作。发挥辽西北职教联盟政、行、企、校、研五方联动优势，聘请联盟内专家、一线技术人员参与，组织学术水平较高、教学经验丰富的教师在广泛调研的基础上共同开发教材。

2. 教材内容先进实用。涵盖各专业最新理念和最新企业案例，融合最新课程建设研究成果，且注重体现课程标准要求，使教材内容在突出培养学生岗位能力方面具有很强的实用性。

3. 教材体例新颖活泼。在版式设计、内容表现等方面，针对高职学生特点做了精心灵活的设计，力求激发学生多样化学习兴趣，且本系列教材不仅适用于高职教学，也适用于各类相关专业培训，通用性强。

国家骨干高职院校建设成果——优质核心课程系列特色教材现已全部编印并投入使用，其中凝聚了行企校开发人员的智慧与心血，凝聚了出版界的关心关爱，希望该系列教材的出版能发挥示范引领作用，辐射、带动同类高职院校的课程改革、建设。

由于在有限的时间内处理海量的相关资源，教材开发过程中难免存在不尽如人意之处，真诚希望同行与教材的使用者多提宝贵意见。

2014 年 7 月于辽宁职业学院

前 言

本书作为高尔夫专业高等职业教育系列教材，严格按照教育部"加强职业教育、突出实践技能培养"的要求，根据职业教育与教学改革的实际需要，结合目前高尔夫技战术策略实践教学中出现的各种问题，针对高尔夫战术策略的特殊性，谨慎地对教材内容反复论证、精心设计并细心写作。本书的出版将对学生全面掌握高尔夫技战术知识技能，帮助学生顺利就业具有特殊意义。

本书为典型的项目任务式工学结合教材，全书包括3个单元12个模块35个实训项目，每个单元设有多个模块。以学习者应用能力培养为主线，按照高尔夫教练员所涉及的范围和操作规程，从教练员岗位认知、高尔夫技、战术训练岗位实践、技、战术训练岗位提升三大环节，系统介绍了如何制定训练计划、临场战术训练结构、发球台实战策略、球道区实战策略、障碍区实战策略、特殊球位击球策略、不同气候实战策略、心理训练方法、发挥个人技术优势、完善自己的比赛等内容。

本书可作为高职高专、大专和本科等高等院校高尔夫专业教材使用，亦可作为中职中专，成人教育和企业培训教材使用。

本书的编写分工：主编安铁民负责本书的编写工作、总体设计、内容审核校对和定稿工作；副主编，辽宁职业学院高尔夫学院院长魏忠发对本书的设计思路给予指导、并提出宝贵意见和建议；副主编肖相霍负责第一单元初稿的校对工作；副主编于霜楠负责第二单元初稿的校对工作；副主编杨东、董德杰负责第三单元初稿的校对工作。穆雪、商亮、孔维东、王熙淏、李国婷、王伟负责附录1和附录2的编写及图片校对工作。李立源作为本书技术顾问，给予了宝贵的意见和建议。

辽宁职业学院高尔夫学院与铁岭龙山国际高尔夫培训俱乐部校企合作完成本教材的编写工作，龙山俱乐部为教材的编写提供了极大的支持和帮助，对此深表感谢。

在编写过程中，我们参考借鉴了大量有关高尔夫技战术等方面的最新资料，并得到了有关专家教授、高尔夫俱乐部一线管理人员和行业专家的指导，在此一并表示衷心地感谢。

由于时间仓促，编写水平有限，书中难免存在疏漏和不当之处，恳请专家和广大读者批评指正。

编　者

2014 年 7 月

目 录

第一单元　高尔夫教练员岗位认知 …………………………………（1）

　　模块一　高尔夫教练员岗位设置与职责 ……………………………（2）
　　模块二　制定训练计划 ………………………………………………（7）
　　模块三　确定训练方式 ………………………………………………（17）
　　模块四　临场战术策略 ………………………………………………（31）

第二单元　高尔夫球战术训练岗位实践 …………………………（39）

　　模块一　发球台实战策略 ……………………………………………（40）
　　模块二　球道区实战策略 ……………………………………………（46）
　　模块三　障碍区实战策略 ……………………………………………（53）
　　模块四　特殊球位击球策略 …………………………………………（58）
　　模块五　不同气候实战策略 …………………………………………（64）

第三单元　高尔夫球战术训练岗位提升 …………………………（75）

　　模块一　心理训练方法 ………………………………………………（76）
　　模块二　发挥个人技术优势 …………………………………………（96）
　　模块三　完善自己的比赛 ……………………………………………（110）

附录 ……………………………………………………………………（131）

　　附录一　挥杆要点提示 ………………………………………………（132）
　　附录二　高尔夫球战术实训图片 ……………………………………（136）

主要参考文献 …………………………………………………………（150）

第一单元
高尔夫教练员岗位认知

高尔夫教练员在高尔夫球会、高尔夫学校及高尔夫专业队中,主要负责高尔夫技术、战术、心理、体能等方面的教学与培训工作。这就要求教练员应具有丰富的实践经验,能够为学员提供具有针对性的高尔夫培训教学内容,在这一过程中教练员有着不可替代的作用。

模块一　高尔夫教练员岗位设置与职责

实训目的

认识并熟悉教练员岗位设置、工作职责和工作环境。

实训方式

通过观看高尔夫球会、高尔夫练习场教练的图片和教学视频,参观球场、练习场、高尔夫院校等教练员的训练课,了解高尔夫教练员的工作环境与职责;考察并了解不同级别的高尔夫教练员的具体工作。

一、高尔夫教练员岗位设置与职责

高尔夫教练员是球会对外服务的核心。教练员的工作是球会对外服务的重要内容之一,它不仅涉及到从客人到练习场、球会等场地学习球技、到球场打球的过程,更重要的是通过服务过程反映球会的服务质量,树立良好的球会形象。

(一) 初级高尔夫教练员

1. 掌握高尔夫球挥杆技术原理知识。
2. 掌握基本的高尔夫球技术教学方法。
3. 具有完成握杆、站姿、挥杆的教学能力。
4. 具有独立完成初级班教学任务的能力。
5. 具有与学员沟通和协助其他教练员上课的能力。

（二）中级高尔夫教练员

1. 掌握高尔夫球挥杆技术原理。
2. 掌握高尔夫球技术教学方法。
3. 掌握中级班高尔夫技术动作和知识。
4. 具有完成高尔夫中级班教学的能力。
5. 具有独立完成培训初级高尔夫教练员的能力。
6. 具有完成中级班学员资料跟进与考核工作的能力。

（三）国家级高尔夫教练员

1. 掌握高尔夫球挥杆技术原理。
2. 掌握高级班高尔夫球技战术教学方法。
3. 掌握练习场击球与下场实践的技术动作和原理。
4. 具有独立完成高级班高尔夫技、战术教学的能力。
5. 具有独立完成中级高尔夫教练员培训的能力。
6. 具有完成高级班学员资料跟进与考核工作的能力。

二、高尔夫教练员工作范围

高尔夫教练员的工作范围包括：为学员提供球技教学指导，制定训练计划，指导球场实战策略，提供其他相关服务，评估、整理、保存学员球技档案，维护练习场设施及环境等。

（一）提供球技教学指导服务

高尔夫教练员的首要任务是对客人提供球技指导。客人对教练员教学服务的满意度的高与低，直接影响教学单位或企业的形象和经营。

（二）维护练习场设施及保护环境

对练习场地设施的维护也是高尔夫教练员工作的重要组成部分，练习场地设施维护水平的高低将直接关系到打球环境。教练员要定期或者不定期地对练习场里的打击垫、真草打击位、沙坑、果岭球痕进行维护，同时不间断地对垃圾进行清理，保持一个整洁优美的训练环境。

（三）建立客人球技档案

教练员为打球客人评估后建立其个人球技档案，记录客人球技资料、技术特点、球路特点、打球行为习惯及成绩等相关内容。

三、高尔夫课程类型

高尔夫课程类型包括：单课程教学、球场教学、高尔夫入门培训、高尔夫初级培训、高尔夫晋级培训、青少年高尔夫培训、成绩破百培训等类型。

（一）单课程教学

培训内容包括：主要针对学员在打球过程中出现的问题进行纠正，以及对初学者进行简单的球技教学。

1对1教学，每课时为60分钟，每人每课时收费300元。

1对3教学，每人每课时收费150元。

（二）球场教学

培训内容包括：对学员进行球场实战教学，包括各种特殊球位球的处理方法，各种因素的综合分析及对高尔夫球规则的实践运用。

1对1教学，9洞收费为每人300元，18洞收费为每人600元。

（三）高尔夫入门培训

培训内容包括：高尔夫礼仪，高尔夫运动发展历史，高尔夫球基本规则介绍，高尔夫挥杆基本原理简介，高尔夫球具基础知识简介，高尔夫基本挥杆技术训练等课程。通过培训让学员基本掌握高尔夫挥杆技术基本原理，避免不必要的运动伤害；掌握基本的铁杆击球技术技巧，了解木杆、推杆的使用方法。完成握杆、站姿、瞄球、掌握推杆节奏，修正站姿、握杆、瞄球、1/3 转肩、1/2 挥杆等初级高尔夫课程的学习。此套课程为 6 课时。

1 对 1 教学，每人每套课程收费 1000 元。

1 对 3 教学，每人每套课程收费 700 元。

（四）高尔夫初级培训

培训内容包括：常用高尔夫术语；高尔夫运动原理；全套球杆用途详解；改正不规范动作；空挥练习，固定肌肉群记忆；腰部与肩部协调性；全挥杆动作纠正；开球技巧，沙坑球打法，推杆练习，左曲球、右曲球打法；击球距离控制；高尔夫专项体能训练；系统的挥杆动作分析；针对性纠正挥杆动作；果岭周边球的处理技术；球场战术策略，球道分析；9 洞场地训练；强化指导课程，系统复习，总结学习成果。此套课程为 15 课时。

1 对 1 教学，每人每套课程收费 3600 元。

1 对 3 教学，每人每套课程收费 2000 元。

（五）高尔夫晋级培训

适合有一定高尔夫技术基础，需要提高球技的学员。培训内容包括：挥杆技术评测，稳定挥杆动作；木杆、铁杆、特殊杆技术指导、心理指导；短杆技术系统复习；球场技、战术策略；各类球道分析；总结学习成果。

一次 9 洞场地教学，一次 18 洞场地教学，全部课程三个月内完成，采用室内外组合授课方式来保证教学的效果。此套课程为 30 课时。

1 对 1 教学，每人每套课程收费 6600 元。

1 对 3 教学，每人每套课程收费 3800 元。

（六）青少年高尔夫培训

培训内容包括：高尔夫技术、高尔夫礼仪、高尔夫英语、高尔夫球规则等；掌握基本的铁杆击球技术技巧，掌握木杆、推杆的使用方法，掌握握杆、站姿、瞄球等基本技术；修正站姿、握杆、瞄球、1/3 转肩、1/2 挥杆等初级高尔夫学习内容。通过系统化课程，培养青少年对高尔夫运动的兴趣，挖掘他们的高尔夫潜质；通过培训训练培养青少年的竞争意识；通过高尔夫专项体能训练，磨炼青少年的意志；通过高尔夫礼仪、高尔夫球规则的学习，让青少年学会诚实守信、礼貌谦让、穿着得体、尊重他人、为他人着想等高尔夫文化精髓，培养他们成为具有绅士风度的高尔夫球爱好者。此套课程为20课时。

1对1教学，每人每套课程收费3800元。

相关知识

高尔夫教练员收费标准

高尔夫教练员针对不同人群、不同水平、不同课程类型确定收费标准。一般业余教练员收费为300~600元/小时，职业教练员和职业球手则为600~1500元/小时，国外PGA教练收费为100美元/小时。

（七）成绩破百培训

该培训课程适合有一定高尔夫技术基础，并且需要提高球技和比赛成绩的学员。

培训内容包括：改正不规范动作；空挥练习，强化肌肉群记忆；腰部与肩部协调性训练；纠正全挥杆错误动作；开球技巧训练，沙坑打法练习，推杆练习，左曲球，右曲球；击球距离控制；专项体能训练；系统的挥杆动作分析，针对性修正挥杆动作；强化指导课程；果岭周边球的处理技术；挥杆技术测评；稳定挥杆动作；木杆、铁杆、特殊杆技术指导；心理指导；短杆技术系统复习，总结学习成果；球场技战术策略；球道分析；高尔夫球规则知识和规则临场实践等内容。

4次9洞实战教学，1次18洞实战教学。此套课程为150课时。

1对1教学，每人每套课程收费12900元。

模块二　制定训练计划

制定训练计划是高尔夫教练员根据学员的基础条件和特点，结合学员具体情况制定的针对技术、战术、心理、体能的训练方案。制定一个科学有效的训练计划能帮助学员提升技能。作为高尔夫球教练员能够有效地提高学员的训练质量并快速提高学习成绩，制定科学的训练计划对于教练员是最重要的。

实训目的

通过本模块的学习，熟悉制定高尔夫训练计划的步骤及流程，掌握制定高尔夫训练计划的基本要点，从而制定科学合理的训练计划。

实训方式

通过学习训练计划制定的方法、训练计划制定的环节、运用高尔夫评估表掌握训练计划制定的方法及步骤，了解并掌握训练计划的适用范围。

计划内容

对于一名高水平的高尔夫球教练员来说，制定一个科学有针对性的切实可行的训练计划是非常重要的。

一、循环训练法

循环训练法是高尔夫教练员为进行科学训练而制定的训练系统，包括：

1. 训练
2. 评估

3. 建立新的系统
4. 制定训练计划
5. 完成训练

"循环训练法"要求制定一个长期的训练日程。这种训练与多数高尔夫球员训练时经常采用的反应式训练法是相反的。

"循环训练法"的最大优点，是能通过对技术进行评估测试并根据测试结果设定具体目标。

"循环训练法"的目的，是使教练员能够与学员一起制定提高技术水平的长远规划。这种训练法对于中、高水平的球员或球队整体训练特别有效。同时，它对水平一般的球员也有一定的作用，可以帮助他们进行系统训练而获得提高。

二、12周训练计划

为学员制定一个为期12周的训练计划，具体步骤如下：

第一步　评估
第二步　制定优先目标
第三步　确定训练方式
第四步　确定训练量
第五步　安排下一个12周训练量
第六步　安排周计划

下面分析每一个步骤需要考虑的因素和如何制订每个步骤的计划。

第一步　评估

（一）与学员沟通的问题

1. 造成你杆数损失的非技术性原因有哪些。
2. 在比赛过程中你感觉哪项技术损失杆数最多、技术最弱。

（二）从以下几个方面对学员进行评估

1. 技术水平

2. 战术水平

3. 心理素质

4. 体能水平

通过以下四个表格（表 1-1～表 1-4）从四个不同方面进行全面的评估。在表格中"完成的预定日期"是用来帮助你设置一个完成的时限，不同的时限意味着不同训练安排的顺序，同时也是对学员的成绩作评估的具体时间。

表 1-1　填写评估表——技术水平的提高登记表

项目 序号	技能	目标的优先顺序	完成的预定日期	完成情况
1				
2				
3				
4				
5				
6				

表 1-2　填写评估表——战术水平的提高登记表

项目 序号	技能	目标的优先顺序	完成的预定日期	完成情况
1				
2				
3				
4				
5				
6				

表 1-3　填写评估表——心理素质的提高登记表

序号＼项目	技能	目标的优先顺序	完成的预定日期	完成情况
1				
2				
3				
4				
5				
6				

表 1-4　填写评估表——体能水平的提高登记表

序号＼项目	技能	目标的优先顺序	完成的预定日期	完成情况
1				
2				
3				
4				
5				
6				

为了检验训练的质量，表中设有"完成情况"格，用以对学员完成训练的情况做记录。

第二步　确定优先目标

1. 确定需要提高的关键项目。
2. 确定需要改进提高的项目系统。
3. 确定训练的某些短期目标。

从第一步评估获得的结果中选取几个最重要和最关键的项目。这些项目从第一步列出的项目中选出，作为以后 12 周训练计划要提高的重点项目。

确定下一个训练计划的优先目标，使用表 1-5 完成这一任务。

表 1-5　下一个训练计划优先目标统计表

序号＼目标	训练计划中急需要提高的 3 个训练项目
1	
2	
3	

序号＼目标	下一个训练计划中急需改进和提高的训练系统
1	
2	
3	

序号＼目标	下一个 12 周训练计划的目标
1	
2	
3	
4	

第三步　确定训练方式

使用表 1-6~表 1-11 详细说明训练计划中需实施的训练方式。

表 1-6　技术训练记录表

序号＼目标	技术训练的名称	技术训练的目的
1		
2		
3		
4		

表 1-7　战术训练记录表

目标　序号	战术训练的名称	球场训练的目的
1		
2		
3		
4		

表 1-8　模拟练习记录表

目标　序号	模拟练习的名称	模拟练习的目的
1		
2		
3		
4		

表 1-9　体能训练记录表

目标　序号	体能训练的名称	体能训练的目的
1		
2		
3		
4		

表 1-10　技能测试提高记录表

目标　序号	技能测试的名称	技能测试的目的
1		
2		
3		
4		

表1-11　系统的改进记录表

序号＼目标	系统的名称	系统改进的目的
1		
2		
3		
4		

要确定每一个方面12周时间内想评估的内容，一旦完成后即可进入下一步。

第四步　确定训练量

为了制定12周的训练计划，需要确定要实施的训练量。在12周的训练计划中，对于不同的项目应实施和完成不同强度的训练。

（一）训练量的等级

L=小强度

M=中等强度

H=大强度

（二）训练的项目

1. 技术训练
2. 战术训练
3. 模拟练习
4. 体能训练
5. 技能测试
6. 系统

注："系统"是在挥出每一杆之前，都遵循一套有序、一贯的准备动作，从而使准备动作标准化程序化，最终到达做出一致的挥杆动作。

（三）确定训练任务的目的

1. 确定每一个训练项目所要求的训练量。
2. 确定学员的训练量要因人而异。

为了完成此项任务，记录完成每一个训练项目和每一个级别的训练量所需的时间（以小时计），并填写在表 1-12 空格中。

表 1-12　训练项目和训练量记录表

序号	项目	训练量		
^	^	L= 小强度	M= 中等强度	H= 大强度
1	技术训练			
2	战术训练			
3	模拟练习			
4	体能训练			
5	技能测试			
6	系统			

根据以上表格中训练量完成情况，来安排下一个步骤的训练任务。

第五步　安排下一个 12 周的训练量

（一）12周训练计划的训练量说明

L=小强度

M=中等强度

H=大强度

（二）需要注意的方面

1. 在重要日期或赛事上做记号。
2. 在每一项目的训练强度上做记号。

具体如表 1-13 所示。

表 1-13　重要赛事训练强度等综合指标记录表

周	日期/赛事	技术训练 L M H	战术训练 L M H	模拟练习 L M H	体能训练 L M H	技能测试 L M H	系统 L M H
1							
2							
3							
4							
5							
6							
7							
8							
9							
10							
11							
12							

第六步　安排周计划

根据12周训练计划内的信息，确定学员训练的时间。这一阶段的计划将在每周的周末完成，以准备下一周的训练（表1-14、表1-15）。

表 1-14　周训练计划记录表

周	日期/赛事	技术训练 L M H	战术训练 L M H	模拟练习 L M H	体能训练 L M H	技能测试 L M H	系统 L M H

表 1-15　安排学员的周计划记录表

时间	星期一	星期二	星期三	星期四	星期五	星期六	星期日
6：00							
9：00							
12：00							
15：00							
18：00							
21：00							

备注：列入休息时间。

下面提供一个12周的总计划表和每一周的计划表，用于准备你的训练计划。

12周训练计划表（表1-16）

表1-16　12周训练计划表

周	日期/赛事	技术训练 L M H	战术训练 L M H	模拟练习 L M H	体能训练 L M H	技能测试 L M H	系统 L M H
1							
2							
3							
4							
5							
6							
7							
8							
9							
10							
11							
12							

（一）12周训练计划的训练量说明

L=小强度

M=中等强度

H=大强度

（二）需要注意的方面

1. 在重要日期或赛事上做标记。

2. 在每一项目的训练强度上做标记。

12周训练计划——第1周训练计划

根据12周训练计划内的信息，确定学员训练的时间。此阶段的训练计划应在每周的周末完成，用于准备下一周的训练。

备注：第2周~第12周训练计划使用的表格同表1-17、表1-18。

表 1-17　周训练记录表

周	日期/赛事	技术训练 L M H	战术训练 L M H	模拟练习 L M H	体能训练 L M H	技能测试 L M H	系统 L M H
1/12							

表 1-18　安排学员的周计划记录表

周 时间	星期一	星期二	星期三	星期四	星期五	星期六	星期日
6：00							
9：00							
12：00							
15：00							
18：00							
21：00							

模块三　确定训练方式

实训目的

通过本模块的学习，根据 12 周训练计划确定并掌握 6 种训练方式，提高学员的技术水平。

实训方式

通过模拟练习、技能测试、评估测试、压力练习、模拟实战、心理训练等多种方式有针对性地模拟在实战中可能遇到的情景，为学员提供科学的训练方式。

实训条件

18 洞球场，练习场，练习果岭，球杆、球座、球，训练棒，打击垫，弹道追踪分析仪，挥杆动作分析仪等实训场地器材。

实训内容

有一个很普便的现象：教练员对提高球员技能所进行的训练方式往往很少或项目单一。训练中常见的是：一名球员去室外练习场，并在短时间内击球数百次。这种训练方式是没有组织、没有系统且没有条理的。目标是关系到能否打好球的非常重要的因素，而这种练习方式中没有目标或目标很大，以至于和球场的真实情况和目标毫无相似之处。这样练习后，球员在球场攻击较小的真实目标就会感到有压力，因此这样的训练无助于技术水平的提高。

还有一种训练方式：球员喜欢练习已经掌握了的技能，而忽视急需提高的弱项；球员将大多数练习时间用在长杆技术的训练，而忽视对成绩最重要的短杆技术。

对于多数球员来说，他们的训练极少经过评估测试，并经常被误导。常见的是球员重复上一个击球动作，将他们的全部训练时间用于体会、试验或探索这种打法的技术。高尔夫球运动中的这一现象比任何其他运动项目更为常见，最后的结果是：球员结束训练时比开始训练时表现更差，更缺乏信心。

学员很少在压力下进行练习，因此他们的训练无法模拟在实战中可能遇到的情景。作为教练员，其责任和面临的挑战就是改变学员的训练方式。

训练项目

一个完整的训练过程包括以下6种方式：技术训练、战术训练、模拟练习、体能训练、技能测试和系统训练。

总之最重要的是建立可测量的、能使球员对提高进行评估的专项训练体系。

将自己不同项目的训练量与实际在球场上的每个项目的运用量进行比较（表1-19）。

表 1-19 球员训练量统计表
(增加弱项的训练百分比)

项目 序号	项目	训练百分比（%）	对比
1	开球杆		
2	铁杆		
3	挖起杆		
4	沙坑击球		
5	短杆		
6	推杆		

列出以下每个项目的 5 种训练方式，即能列出 80 种不同训练方式（表 1-20）。

表 1-20 训练方式统计表

项目	五种方式	项目	五种方式	项目	五种方式	项目	五种方式
开球		短推		心理素质		挥杆动作	
模拟比赛		沙坑球		战术		长推	
节奏		改进技术		柔韧		短推杆	
心肺功能		球道木杆		斜坡球位		风中击球	

一、技术训练（球员在真草打垫击球，教练员在旁边指导）

技术训练是高尔夫球教练员最常采用的训练方式。

学员通常是带着想要解决的问题来找教练员，教练员也努力通过提高技术来提高学员的技能水平。

技术训练必须遵循"三阶段模式"，即认知阶段、联想阶段、自动化阶段。如表 1-21 所示。

表 1-21 三阶段模式汇总表

学习阶段	特征	训练方式
认知阶段	1. 形成概念 2. 视觉化认识动作 3. 不能稳定地重复 4. 需要教练员大量示范和反馈 5. 了解需要改变什么	1. 分解练习法 2. 空挥练习法 3. 镜像练习法 4. 反馈练习法
联想阶段	1. 理解仍需有意识控制改变动作 2. 动作稳定性得到提高 3. 教练员讲评仍然非常重要 4. 要求有意识地思考，以便记住改变了的东西	1. 有球练习法 2. 难度练习法（逐渐加大难度） 3. 强化记忆法
自动化阶段	1. 动作处于自动化阶段错误很少 2. 在没有教练员的帮助下可发现自己的错误 3. 注意力已经从技术转移到战术 4. 需要在有压力的条件下训练潜意识——完成了技术的学习	1. 技术训练法 2. 战术训练法 3. 体能训练法 4. 心理训练法 5. 比赛训练法

二、球场训练

高尔夫球场是训练的最佳场地，它是能够真正地练习到比赛中可能使用的各种技战术技能的唯一训练场所。因此，只有到球场中训练才是最好的训练方法。在球场上进行训练的优点，是每次击球后有较长的间隙时间；而在练习场进行练习击球时，两次击球之间的时间间隙很短。

击球间隙时间的心理调控是很重要的，这在练习场是做不到的，因为在练习场训练时，一次击球结束后紧接着就进行下一次击球。

球员在每次击球的间隙时间进行自我心理、体能、技术等方面的调整，是比赛球员最重要的技能之一。对于高水平高尔夫球员来说，击球之前的这段间隙时间占一场比赛所用全部时间的比例可达85%。而击球失误的原因，通常是在这段间隙时间里心理调整不好。导致这一情况发生的最可能的原因是从未进行过间隙时间的训练，也就是没有针对这个间隙时间安排具体的训练系统或没有很好地掌握这个间隙时间心理调控的训练方法。

实际上，在一场高尔夫球比赛的间隙时间内，由于不能控制过于兴奋的心理状态而使许多技术的发挥受到影响。

在球场进行训练时，要设计一些具体的球场训练方法，对不同技术进行重点训练。如表1-22所示。

表1-22 球场常用训练方法汇总表

序号	名称	说明	目的
1	模拟比赛	设计多种模拟比赛方法 1. 你比赛成绩领先 2. 再打三个PAR就晋级 3. 你开局不好 4. 你有了一个好的开局	1. 模拟在比赛中出现的情况 2. 练习已经设计好的系统
2	最差球位	1. 击打两个球并选择两球中较差的球位 2. 继续打两个球直到击球入洞	1. 学会在困境中如何选择 2. 促使球员思考战术
3	最差球位（用短杆时）	1. 这种训练方法只用于短杆 2. 从挖起杆全挥杆开始	1. 在压力下打短杆 2. 用短杆在困难情况下救球
4	最佳球位（整场比赛用短杆时）	1. 比赛都是打两个球 2. 选择最好的球位 3. 打两个球直到击球入洞	1. 增强打出低杆数时的心理承受能力 2. 提高短杆技术可以提高成绩
5	没攻上果岭	1. 比赛中球员不能将球攻上果岭 2. 攻上果岭必须将球推出果岭，并记1杆 3. 水平高的球员可以规定各种短杆击球的数量（如：沙坑、球道和长草区各击球3次）	1. 练习一切一推保帕 2. 提高困境救球能力 3. 思考果岭边击球位置 4. 提高击球质量更高

(续表)

序号	名称	说明	目的
6	开球和短杆技能测试	1. 开球如果击入球道的正确位置，计分 2. 将球捡起从一特殊的可以使用短杆击球的位置击球 3. 根据球的落点离球洞的距离计分	重点训练两项技能：开球和短杆技术
7	只用5支球杆	1. 使用任何4支球杆和一支推杆 2. 打出和使用14支球杆时同样的成绩	让球员学会并使用不同的策略
8	不走运的比赛	1. 将球置于困难的球位 2. 如果球在球道上，将它放在一个打痕内，如果球在树丛中，将它放在一棵树后面	1. 学会处理困难球位球的方法 2. 适应困难球位击球
9	强攻	1. 不论什么球位都进攻 2. 每一杆都向旗杆进攻 3. 开球都用一号木杆，不论是否有障碍区 4. 每一次短杆击球和推杆都力争进洞	1. 使球员明白什么球可以攻，什么球不能进攻 2. 了解情绪冲动对成绩的影响
10	小左曲和小右曲	1. 打两个球，一个球总是打小右曲，另一球总是打小左曲 2. 进行一场"小左曲球"对"小右曲球"的比赛 3. 如果不是想要的小左曲或小右曲球，则加罚一杆	1. 使球员懂得控制球的飞行路线方面的强项和弱项 2. 了解在不同球场情况下应如何打出合适的球飞行路线
11	记分赛	1. 开球上球道、不攻果岭时球落在球道上、攻上果岭、一切一推或一推进洞时等情况各得1分 2. 果岭上三推，扣1分 3. 这种比赛不记杆数	1. 注重将球击向球场正确位置的过程 2. 当做到这点时，杆数就会减少

三、模拟练习

在球场进行训练缺点是时间长，击球次数少。当在一段时间内需要大量击球时，模拟练习是一个好的训练方法。

模拟练习方法是根据比赛中的情况进行模拟，可针对比赛中各种不同的击球方法反复练习各种技术，击球的结果是关注的重点，目的是击中一个小的目标。这种技术训练方法与传统的将全部注意力放在挥杆动作的训练方法是相反的，因为传统的训练方法对球的去向并不非常关注，而且通常击打目标很大。

这种训练的难度要求应该比在赛场上可能遇到的难度更大。通过练习打小目标，在实战中打实际目标就容易多了。

模拟练习有许多乐趣，而且可以是一项强度很大的训练方式。这种训练方式的目的是使控球达到很高的质量，在这种训练方式中，以控球的方式打出想要的球路比击球数量更为重要。

模拟练习能重现比赛的感觉，因为每一次击球都要记分。当对质量不高的击球实施某种处罚时，这种训练方式就会非常有效。它能更好地再现比赛中发生的事情，并且球员需要处理由于自己表现和期望有差异而产生的较强烈的情绪。控制这样情绪的能力是成为一名好的球员的关键。

通过与其他球员进行模拟练习的对抗，击球之间的间隙时间增加。这使训练更接近实战，并使球员学会利用击球间隙时间。

（一）设计模拟练习（表1-23）

在以下每一项中列出两个可以在训练中采用的能帮助你训练的练习方法。

表1-23 设计模拟练习统计表

项目	练习方法	项目	练习方法
短推		控制	
短杆		战术	
开球		困难球位	
长推		心理技能	

(二) 模拟练习——制定练习表（表1-24）

表1-24 制定练习内容记录表

项目	内容
练习名称	
练习目的	
练习方法	
练习时间	
用球数量	
评估方法	
练习间隔	
使用器材	
创新点	

四、体能训练

在高尔夫球运动中，球员的表现和体能密切相关。身体条件是决定球员挥杆方式的最关键因素之一。通过改变球员的身体条件，挥杆技术动作就可能做得更正确。

高尔夫球是一项由身体的一侧主要控制的运动项目，如果不做其他练习来恢复身体自身的平衡，则在挥杆中主动用力的肌肉变得更强力，而没有或较少用力的肌肉相对变得更弱。一段时间后将影响身体的形态，并将继续更大程度地失去身体平衡。

例如：一名右手高尔夫球员的右背阔肌比左背阔肌更加发达。同样，球员身体两侧肌肉的力量和动作幅度也会有很大差别。

身体两侧肌肉活动相对平衡的人与身体两侧不平衡的人比较，前者更容易做出正确的挥杆动作。

当参与高尔夫巡回赛时，良好的体能是一个需要考虑的重要因素。具备更好体能的球员具有更大的优势,因为与体能较差的球员相比,前者能够在更长的时间内保持注意力的高度集中。日复一日,周复一周比赛的严酷性使体能和心理素质成为训练计划中极为重要的部分。

对于体能训练方式的选择,非常重要的是聘请专家对每个球员进行正确的体能训练,由于每个人的身体条件不同,根据个人的体能状况进行针对性训练是极为重要的。

需要考虑的训练项目有:
1. 耐力
2. 力量
3. 灵活性
4. 柔韧性

将高尔夫球员的体能训练补充到训练计划中至关重要。大部分球员体能训练的最佳起点是柔韧性训练。同时,特定的动作也是体能训练的重要目标。达到这一目标的途径是增强腹部核心区域的力量,然后提高腹肌与身体其他部分协调的能力。只有当身体在正常状况能够以正确的顺序使用肌肉时才能考虑进行力量训练。耐力训练可在任何时候进行,耐力的提高可以帮助高尔夫球员提高赛场上的心理耐力。进行不同方式的耐力训练具有重要意义。当进行单一化的耐力训练时,极可能发生损伤,还可能导致身体的不平衡。

五、技能测试

技能测试是系统地收集有关高尔夫球员各方面的专项信息的方式。这些测试的结果可让球员了解自身的强项和弱项。

这些信息可用于为球员比赛时制定战术安排。这种战术安排的目的是在比赛中可以有更多的球位是可以发挥技术强项,更少的球位是要使用技术弱项。

技能测试的另一目的是评估一段时间以来各种技能的提高幅度。技能测试是再现进行高尔夫比赛时精神紧张状态的绝妙的方式,因为球员会将他们可能获得的分数与过去获得的分数进行对比。避免这种想法并将注意力放在每一次击球上的能力是高尔夫球员打好比赛的重要的能力。

同时，高尔夫球员通过参加技能测试，将能了解自己的表现，从而能体会到与他们在比赛中出现相似的情绪并要处理这种情绪。例如：球员在一次技能测试中能够体会到与在一场比赛中开局不利或接近于达到个人最佳成绩时出现的相似的情绪。

这种真实的情绪能够促使球员学会如何面对这种局面。掌握面对不同局面并如何处理是非常有价值的。

(一) 技能测试方式

技能测试可采取多种方式，可供选用的方式有：

1. 距离

(1) 木杆击球飞行距离。
(2) 大风天木杆击球飞行距离。
(3) 长铁杆击球飞行距离。
(4) 大风天长铁杆击球飞行距离。
(5) 上坡和下坡球位长铁杆击球飞行距离。
(6) 不同球位长铁杆击球飞行距离。
(7) 短铁杆击球飞行距离。
(8) 短铁杆击球总距离。
(9) 短铁杆击球飞行和滚动距离。
(10) 上坡球位和下坡球位短铁杆击球距离。
(11) 不同球位短铁杆击球距离。

2. 击球落点分布

(1) 100码的击球落点分布。
(2) 125码的击球落点分布。
(3) 150码的击球落点分布。
(4) 175码的击球落点分布。
(5) 200码的击球落点分布。
(6) 225码的击球落点分布。

3. 球路控制

(1) 何种球杆可击出小右曲球。
(2) 何种球杆可击出小左曲球。
(3) 何种球杆可击出高飞球。
(4) 何种球杆可击出低飞球。

4. 定期评估

(1) 追踪特定技术。
(2) 设置标准测试系统定期进行测试。
(3) 设置特别测试系统对特别技术进行测试。

(二) 技能测试实例

球场通道练习

使用表 1-25 记录所要求完成的全部击球数。

设置宽度为击球距离 10% 的锥形目标区域。按下面的方式记录击中目标区域的次数。

表 1-25 技能测试记录表

距离（码）次数	60	80	100	120	140	160	180	200	220
1									
2									
3									
4									
5									
6									
7									
8									
9									
10									
T									

(续表)

距离（码）次数	60	80	100	120	140	160	180	200	220
L									
R									
直线球%									
左侧球%									
右侧球%									

备注：T=目标，L=左侧，R=右侧

设计这种技能测试的目的是：观察球员击直线球可达到的最远距离，以及如果击出的球不成直线时，球偏向左或右哪一个方向的球更多。

（三）技能测试计划方法

1. 测试目的
2. 测试项目
3. 测试方法
4. 测试要求
5. 打球数量
6. 如何记分
7. 测试间隔

六、系统

高尔夫的系统指的是为改进比赛各个环节的表现而建立的一系列行动，系统可用在高尔夫球运动和比赛的各个方面。

（一）系统实例——一场比赛的准备程序

1. 出发前物品清单的准备。
2. 赛前检查球包内的球杆。
3. 赛前热身的程序。

4. 击球前的准备程序。
5. 如何利用击球间隙时间节省体力。
6. 如何在比赛过程中补充水分。
7. 如何在雨天打比赛。

为了更详细地了解系统，在此对击球前的准备程序进行分析，并对系统的每一阶段做分解，用文字简练记录系统非常重要。

（二）击球前系统准备程序

1. 从球后 15 米处走近球

观察：（1）风
　　　（2）码数
　　　（3）旗杆位置
　　　（4）高度差
　　　（5）感觉击球方式

2. 在球旁

决定：（1）球杆
　　　（2）球的初始方向

3. 站在球后试挥

感觉并看到：（1）杆头击球的点
　　　　　　（2）击球后球的飞行路线和落点
　　　　　　（3）挥杆的感觉

4. 执行

把一切抛在脑后实现刚才的预想，实施上述 3 中设计的击球策略。

用文字记录这些击球系统十分重要。多数球员在比赛中使用大量的系统，但是他们并不完全清楚这些系统。当球员比赛发挥好的时候是用文字记载系统的最佳时机。这形成一个基准点，在他们发挥不好时根据这一基准点可以更容易发现问题所在。

让球员了解自己打得好时自己做了什么，就能更容易地保持高水平的发挥。反之让球员了解自己打得不好时自己做错了什么，则难以保持高水平的发挥。

用文字记录训练系统易于评估和提高。教练员指出球员现有训练系统的一些问题，并和学员一起改善训练系统以更好的发挥水平，提高比赛成绩。

当球员技术水平发挥不佳时，就必须建立一种新的系统；如果球员发挥好，所执行的系统也应该记录下来，这样会在将来继续保持高水平的发挥。训练记录表（表1-26、表1-27）可作为评估高尔夫球员系统质量的起点。

表1-26　训练系统改进记录表

项目\内容	现有的系统	要改进的系统
击球间隙		
击球的选择		
情绪控制		
果岭看线		
体能		
饮食		
战术		

表1-27　其他系统记录表

序号\内容	项目	说明
1		
2		
3		
4		
5		

(三) 对系统的检查

1. 列出现有的训练系统。
2. 列出每一个项目中希望改进的训练系统。

模块四　临场战术策略

实训目的

提高球员掌控球场的能力，运用自身的技术发挥长处从而减少在比赛中浪费杆数；掌握球场策略的交通灯训练法和锥型原理训练法基本原理，并根据自身的技术水平制定适合自身训练模式，从而在实战中提高成绩。

实训方式

通过观看比赛视频了解职业球员在比赛中临场策略的运用；通过技能测试了解自己的强项和弱项，再确定球场实战训练中运用交通灯训练法或锥形原理训练法，并和不同级别的教练员进行球场实战策略体会的交流。

实训条件

测距仪、练习场、练习果岭、球场、球杆、球梯、球。

训练方法

训练方法分为两种：一种是交通灯训练法、一种是锥形原理训练法。

一、交通灯训练法

这是将击球分类的训练系统。每一次击球的类别有预定的计划或情况处置的方式。它是一种应对球场各种不同情况的简单方法。根据红绿灯的作用，不同的颜色确定应该怎样面对情况。

（一）红绿灯策略（表1-28）

表1-28　红绿灯策略汇总表

颜色	情况	应对策略
红灯	球在不利的位置，这时击球是球员的弱项。例如：旗杆在沙坑右后方，风从右往左吹，果岭的坡度是从右往左倾斜，球位的地势是从右往左倾斜，你自然的球路是从右往左，而不能稳定地打出从左往右的球路（见附录2插图）	防守 采取安全打法，不要用弱项击球，在这个情况下可以打短一些，在果岭前面留下一个切杆的距离，此时你的目标是把球打到下一杆较容易的位置，不要往旗杆方向打，不要往果岭方向打是最好的选择
黄灯	有发挥强项的因素，也有不适合发挥强项的因素。例如：旗杆在沙坑左后方，风向自左向右，果岭坡度是从右向左倾斜，球位的地势也是自左向右倾斜。你自然的球路是从右往左，而不能稳定地打出从左往右的球路（见附录2插图）	谨慎 你想打一个防守性的攻击球。之所以防守性的，因为并非所有条件都对你有利，所以目标是让击球路线冲着旗杆附近的位置。然而，这记击球有进攻的成分，不会全部是防守性的；其目的是在不陷入任何障碍的情况下使球尽可能地接近旗杆。将球击到果岭的中央或靠近果岭的中央，是处于这种状况下的一个好的结果。没攻上果岭或留下一个远推就是一个不好的结果
绿灯	球位于发挥强项的位置。球位和球路选择适合你的强项。例如：旗杆在沙坑左后方，风向自右向左，果岭坡度自右向左倾斜。你自然的球路是从右往左，而你不能稳定地打出从左往右的球路（见附录2插图）	进攻 在这种情况下，你应该进攻。所有的因素都将使球向旗杆方向移动。由于果岭倾斜的方向和风向，球的飞行线路将是一个曲线，并绕过沙坑滚动。这将使球无需飞越任何障碍区而最终停在球洞附近

解释非常简单。重要的让每一个球员知道每一种灯的颜色包含什么样的情况。这一原理可应用于完整的一个洞或者一个特殊的情况，例如：

1. 旗杆在果岭的右侧时——绿灯
2. 旗杆在果岭的左侧时——红灯
3. 旗杆在果岭的中央时——黄灯

（二）可用于不同距离的击球（表1-29～1-32）

表1-29　球洞的距离（4杆洞和5杆洞）策略汇总表

距离（码）	灯的颜色	击球策略
400+	红灯	防守
350～400	黄灯	小心行事
300～350	黄灯	小心行事
250～300	黄灯	小心行事

表1-30　攻果岭的距离策略汇总表

距离（码）	灯的颜色	击球策略
200～250	红灯	防守
175～200	黄灯	小心行事
150～175	黄灯	小心行事
125～150	绿灯	进攻
100～125	绿灯	进攻

表1-31　短杆的距离策略汇总表

距离（码）	灯的颜色	击球策略
90～100	绿灯	进攻
80～90	绿灯	进攻

(续表)

距离（码） \ 内容	灯的颜色	击球策略
70 ~ 80	绿灯	进攻
60 ~ 70	黄灯	小心行事
50 ~ 60	黄灯	小心行事
40 ~ 50	红灯	防守
30 ~ 40	黄灯	小心行事
20 ~ 30	黄灯	小心行事
10 ~ 20	绿灯	进攻
0 ~ 10	绿灯	进攻

表 1-32 推杆的距离策略汇总表

距离（码） \ 内容	灯的颜色	击球策略
100+	红灯	防守
75 ~ 100	红灯	防守
50 ~ 75	红灯	防守
30 ~ 50	黄灯	小心行事
20 ~ 30	黄灯	小心行事
15 ~ 20	黄灯	小心行事
12 ~ 15	绿灯	进攻
9 ~ 12	绿灯	进攻
3 ~ 6	绿灯	进攻
0 ~ 3	绿灯	进攻

通过技能测试可确定球员的强项和弱项。这些信息为运用交通灯训练法提供了可能，并有助于确定球员的策略或比赛计划。

二、锥形原理训练法

锥形原理用于确定进攻球洞的最好的落球区域。如果球员能够将球击入锥形区域，则绿灯的下一杆就是他的奖励。

如果球不在锥形区内，攻旗杆的难度就会增大。球员可以从这一球位进攻，但这样有可能进入更困难位置；或者采取红灯状况下的防守打法，将球打进果岭附近的锥形区域。

开球目的是将球击入锥形区域。

（一）在同一球洞，洞杯的位置改变，锥形的位置也会改变。

改变锥形位置的因素有：
1. 风
2. 地面的硬度
3. 球位
4. 旗杆的位置
5. 与球洞位置相关的困难球位
6. 球洞附近地面坡度方向

（二）当考虑最佳击球方式时，还需考虑的其他因素有：

1. 球位
2. 地面的坡度
3. 障碍区位置
4. 自己能看到什么
5. 自己最好的短杆距离
6. 当自己的球在一棵树的后面时
7. 高球或低球
8. 果岭上的大斜坡

三、高尔夫训练日志及策略分析

球员通过对 6 场训练比赛的详细记录的训练日志，并进行赛后策略分析得出比赛策略的优点及存在问题，进行总结归纳并避免再犯的错误，从而使训练效果达到最好（表1-33、表1-34）。

表1-33 第1场比赛记录表

打球日期			开球时间		结束时间	
球场名称						
球场状态	发球台：	球道：	果岭：	水障碍区：	沙坑：	长草
天气条件						
发球台	黑：	金：	蓝：	白：	红：	
球洞号	完成杆	标准杆	球道距离	开球情况	球道击球	推杆
1						
2						
3						
4						
5						
6						
7						
8						
9						
前九洞						
10						
11						
12						
13						
14						
15						
16						
17						
18						
后九洞						
总计						

表 1-34　训练分析记录表

标准杆上果岭	前九洞		后九洞		小　计	
推杆	第一杆	短：	长：	进洞		
	第二杆	短：	长：	进洞		
沙坑	球道沙坑			目标位置		
	果岭沙坑			目标位置		
罚杆情况	OB					
	障碍区					
球位情况	上坡：	下坡：	侧坡：	长草区：	裸地：	打痕：
本场最好的一杆						
本场完美的击球						
值得总结的地方						
不能再犯的错误						

备注：第 2 场至第 6 场使用的训练表格同表 1-33、表 1-34。

单元小结

本单元从高尔夫教练员岗位设置与职责的基础知识入手，重点介绍了教练员根据球员比赛需求，制定科学的训练计划，从而对训练计划中的技术训练、战术训练、模拟练习、体能训练、技能测试等进行练习，掌握不同类型球场的球道临场战术要求，运用"交通灯训练法""锥形原理训练法"进行针对性训练，从而提高比赛成绩。

第二单元
高尔夫球战术训练岗位实践

高尔夫教练员的一项重要任务是教会学员球场实战策略和处理困难球位击球的方法，为此本单元重点介绍各种球场实战策略和困难球位的处理方法及训练方法，使学员能够灵活应对各种困难球位，明确何时采用何种策略击球，提升学员临场击球能力，达到提高成绩的目的。

模块一　发球台实战策略

实训目的

通过针对性的训练掌握发球台、球道区、障碍区实战策略；特殊球位击球策略；不同气候实战策略等。掌握适合球员自身特点的战术策略方法。

实训方式

通过模拟比赛中进行发球台发球训练、模拟练习、模拟测试等方式进行训练。

步骤要求

发球台实战策略有如下 5 个步骤及要求（表 2-1）。

表 2-1　发球台策略步骤及要求汇总表

内容序号	训练步骤	训练要求
1	确定目标	1. 选择能为下一杆击球创造良好条件的目标 2. 选择从球道攻击果岭最为有利的目标 例如：果岭前右侧有沙坑，从球道左侧上果岭避开沙坑
2	选择球杆	1. 球杆选择应以将球安全打上球道为原则 2. 一号木杆不一定是最好的选择 例如：你的开球距离为 240 码，而球道恰好在 240 码处变窄并在两侧设有沙坑，这时你应选择三号木杆或铁杆开球

(续表)

内容序号	训练步骤	训练要求
3	架球位置	1.右曲者架右瞄左。如果你开球倾向于右曲，应将球架在发球台右侧，瞄准球道左侧 2. 左曲者架左瞄右 例如：你倾向于打右曲球，那么你应该瞄准球道左侧，将球摆放在发球台右侧。这样，如果你打出直球则球会落在球道左侧，如果打出小右曲球则球刚好落在球道中间
4	瞄球	1. 注意发球台的方向：常有发球台标志放错地方导致指向错误的方向，瞄球时不要被误导 2. 让杆面和身体对准目标点 3. 旗杆位于果岭左侧最好从右侧攻上果岭，因此开球时应瞄准球道右侧
5	开球	开球将球击到目标区

实训项目

项目一 开球策略

情景

比赛中在发球台开球。

能力目标

1. 具有合理利用发球台实战策略的能力。

2. 具有分析判断发球台及球道特点的能力。

知识目标

1. 掌握影响发球台实战的因素。
2. 了解结合球员球路特点选择架球位置的方法。

训练要求

训练强度：一般强度。
训练水平：具有初级或中级水平。
训练时间：约 20 分钟。
训练器材：球杆、球梯、球。
训练场地：球场或室外练习场。

实战训练

1. 室外练习场：模拟一个球道，确定目标，选择球杆、架球，瞄球、击球，击球效果评价。

训练方法

（1）按照一个球场的球道图、码数本进行模拟练习，不同球道的发球台攻略（参见附录 2 球道图进行模拟球道训练）。
（2）模拟 4 人组比赛进行交替开球，也可模拟 2 人、3 人组开球。
2. 球场：模拟比赛发球台发球训练，遵守发球台准备流程，确定一个目标，选择球杆、架球，瞄球、击球，击球效果评价。

训练方法

（1）按照球场的球道信息进行发球练习，模拟不同球道的发球台攻略。

(2) 可以 4 人组比赛进行交替开球练习，也可以 2 人、3 人组开球练习。

实训测试（表 2-2）

表 2-2　训练测试记录表

时间 内容 序号	测试项目	姓 名 击球次数	满分	得分	考核人 存在问题	纠正方法
1	确定目标	5	10			
2	选择球杆	5	10			
3	架球位置	5	10			
4	瞄球	5	10			
5	击球	5	10			
6	击球效果	5	10			

怎样利用你所擅长的弧线球《百度经验 > 运动 / 户外》

http://jingyan.baidu.com/article/95c9d20df2b86eec4f756152.html

项目二　球座高度与击球的配合

情景

比赛中在发球台开球。

能力目标

1. 具有合理利用开球时球座高度与击球配合的能力。
2. 具有分析判断球座高度对发球影响的能力。

知识目标

1. 掌握开球时球座高度与击球的配合的知识。
2. 了解不同球杆、不同战术以及不同气候条件对球座高度的要求。

训练要求

训练强度：一般强度。
训练水平：具有初级或中级水平。
训练时间：约 20 分钟。
训练器材：球杆、球梯、球。
训练场地：球场或室外练习场。

步骤要求（表2-3）

表 2-3　球座高度与击球的配合统计表

内容序号	训练步骤	训练要求
1	1号木杆	（1）顺风开球——高球梯 （2）正常开球——次高球梯—架好球后高出杆头半个球 （3）顶风开球——更低球梯 （4）打小右曲球时——更低球梯 （5）打左曲球时——高球梯
2	球道木杆	球梯的高度不应超出半英寸
3	长铁杆	（1）球梯的高度不应超出半英寸 （2）架球梯太高，在触球时容易打在杆头上半部分，球弹道过高，损失距离
4	铁杆	球杆越短架球越低

注意事项

1. 认真准确选择球梯。
2. 根据风向、策略要求选择球梯。

实训测试（表2-4）

表2-4　实训测试统计表

时间 内容 序号	测试项目	姓名 子项目	满分	得分	考核人 存在问题	纠正方法
1	1号木杆	顺风开球	10			
2		正常开球	10			
3		顶风开球	10			
4		打小右曲球	10			
5		打左曲球时	10			
6	球道木杆		10			
7	长铁杆		10			
8	铁杆		30			

实战训练

1. 室外练习场训练：模拟球道、风向，确定目标，选择球杆、架球，击球，效果评价。

训练方法

（1）按照一个球场的球道图、码数本进行模拟练习，不同气候、不同球道的发球台攻略。

（2）模拟4人组比赛进行交替开球，也可模拟2人、3人组开球。

2. 球场训练：模拟比赛发球台发球训练，遵守发球台准备流程：确定一个目标，选择球杆，确定风向，打球策略，架球、架球高度、瞄球、击球、击球效果评价。

训练方法

（1）按照球道信息进行发球练习，模拟不同球道的发球台攻略。

（2）模拟4人组比赛进行交替开球练习，也可以2人、3人组开球练习。

球梯高度与击球的配合

用1号木杆顺风开球，或者打左曲球时，使用最高的球梯。一般的发球使用次高的球梯，即架好球后高出杆头半个球。而顶风打球或打小右曲球时，使用的球梯应更低一些。

在使用球道木杆或长铁杆开球时，球梯的高度不应超出半英寸。而用铁杆开球时，球杆越短架球越低。若使用太高的球梯架球，容易在触球时打在杆头的上半部分，使球的弹道过高，损失距离。

模块二 球道区实战策略

实训目的

通过针对性的训练掌握半长草区、长草区内的击球方法和打球策略。

实训方式

通过模拟比赛中球洞区通道长草区击球训练、模拟长草区击球测试等方式进行训练。

实训项目

项目一　长草区击球

情景

比赛中在球洞区通道长草区击球。

能力目标

1. 具有半长草区内短打的能力。
2. 具有半长草区内长打的能力。
3. 具有高长草区中打球能力。

知识目标

1. 掌握长草区内的打法。
2. 掌握长草区实战策略。

训练要求

训练强度：一般强度。
训练水平：具有初级或中级水平。
训练时间：约30分钟。
训练器材：球杆、球。
训练场地：球场或室外练习场。
项目要求（表2-5、表2-6）：

表 2-5 长草区击球训练要求统计表

内容序号	实训项目	训练要求
1	半长草区内的短打	1. 分析 草叶的阻抗作用和击球瞬间球杆杆面与球之间草叶的介入，使球在飞出后的倒旋减少，从长草区打出的球滚动距离较长 2. 打法 （1）在打球之前要确认球所在位置的状况（长度、硬度、朝向性）、球的位置状态（是沉入草中还是浮在草叶上）以及球洞及其周围的状况，如果球洞区位于较低的位置，则这种球很难打 （2）选择球杆要用特殊铁杆，这样有利于保证球的弹道高度
2	半长草区内的长距离击球	1. 分析 长草区内打球时与杆面之间也还是有草间隔着的，杆头要首先克服草的阻力，然后才能击到球 2. 打法 （1）根据距离选择球杆，但是要考虑到草的阻力作用 （2）选择杆面倾角较大的球杆，即依照距离选择较短一些的球杆
3	高长草区中的打法	1. 原则 （1）首先是安全第一，也就是如何使球先从长草区中逃脱出来。所以要慎重分析，根据球的位置状态，草的长度、硬度及朝向性进行综合分析 （2）当确实有可能进行长打，将球打得更远时，才可以采用长打 2. 策略 （1）要决定什么时候应当积极进攻，什么时候应该保守的一切一推 （2）即便是面临很有自信能将球打出来的局面，也一定要权衡风险与回报孰轻孰重，再做决定。做决定的过程中，先要考虑码数，如果被迫去打比 6 号铁杆更长球杆的时候，那么这就不是直攻果岭的好机会 （3）用一个杆面角度很小的球杆从很厚长草里击球，你的击球弹道绝对不适合到达果岭 （4）如果你的位置与果岭之间的距离较短，那么要选择杆面角度大的球杆，这样会让你打得更轻松 （5）如果你选择保守一些，那么计算出下一杆攻果岭比较舒服的距离，之后一上一推

(续表)

内容序号	实训项目	训练要求
4	长草区实战策略	1. 稍微握紧一些球杆，这样可以避免长草的阻力带偏你的球杆 2. 在下杆击球的瞬间要加速，这样杆面与球之间的长草的干扰会降低 3. 在上杆时候要加大屈腕，这样在击球时角度更加陡立

注意事项

1. 在长草区击球一定要在可控范围内。
2. 根据球洞区通道信息调整击球距离。

实训测试（表 2-6）

表 2-6 长草区击球实训测试统计表

时间				考核人	
内容序号	测试项目	子项目	满分	得分	存在问题	纠正方法
1	半长草区内的短打	铁杆短草区短打左曲球	10			
		铁杆短草区长打右曲球	10			
2	半长草区内的长打	半长草区内的长打低平球	30			
3	长草区中的打法	木杆高长草区中的打法	15			
		铁杆高长草区中的打法	15			

实战训练

1. 室外练习场训练：模拟一个球洞区通道半长草区和长草区，确定击球目标，选择球杆，了解球周边环境，击球，效果评价。

训练方法

（1）按照不同的短草区和长草区的打法。
（2）模拟不同的击球距离在短草区和长草区击球。
2. 球场训练：模拟比赛球洞区通道击球训练，先确定击球目标。

长草区无敌打法《纯粹高尔夫球》http://www.chuncui.cn

项目二　弹道控制

情景

比赛中在球道击球需要打出各种球路。

能力目标

1. 具有打出左曲球、右曲球的能力。
2. 具有打出高弹道球的能力。
3. 具有打出低平球的能力。

知识目标

1. 掌握打出低平球的方法。
2. 掌握打高弹道球的方法。
3. 掌握打左曲球、右曲球的方法。

训练要求

训练强度：一般强度。

训练水平：具有初级或中级水平。

训练时间：约 30 分钟。

训练器材：球杆、球。

训练场地：球场、室外练习场。

步骤要求（表 2-7）

表 2-7 弹道控制训练步骤与要求汇总表

序号	训练步骤	训练要求
1	左曲球右曲球的打法	1. 只调整握杆和站位是不够的。最重要的是调整触球时的杆面角度 2. 打小左曲球，杆面应该相对于挥杆轨迹闭合 3. 打小右曲球，杆面应该开放 4. 在身体前方持球杆，要打小左曲球，使杆面稍微向下转动（闭合） 5. 打小右曲球，使杆面稍微向上、向着天空转动(开放) 6. 使杆面角度保持不变，自然的握杆动作，将杆面置于球后方，使其朝向目标 7. 使身体与希望球开始飞行时所处的方向平行 8. 打小左曲球使身体指向目标右侧 9. 打小右曲球使身体指向目标左侧
2	低平球的打法	1. 使球从树中间或较低的树冠下穿过，或遇强风时打较低的球以保证安全 2. 低平球使用杆面较小的球杆，使用木杆或长铁杆 3. 杆面角度小使球的飞行弹道低而平，避免打到树木
3	高弹道球的打法	1. 高球一般是用于使球越过树木或其他较高的物体时的打法 2. 打高球有一定冒险性，必须根据障碍物的高度和相互之间的距离进行分析 3. 判定球是否确实有可能越过去，再确定球的飞行高度

注意事项

1. 击出的左曲球或右曲球要在可以控制的范围内。
2. 根据球洞区通道信息调整弯曲的程度。

实训测试（表 2-8）

表 2-8　弹道控制训练要求汇总表

时间 项目 序号	测试项目	姓名 子项目	满分	得分	考核教师 存在问题	纠正方法
1	左曲球、右曲球的打法	木杆打左曲球	10			
		木杆打右曲球	10			
		铁杆打左曲球	10			
		铁杆打右曲球	10			
2	低平球的打法	打低平球	30			
3	高弹道球的打法	木杆打高弹道	15			
		铁杆打高弹道	15			

实战训练

1. 室外练习场训练：模拟一个球洞区通道，确定击球目标，选择球杆，了解球周边环境，击球，效果评价。

2. 球场训练：模拟比赛球洞区通道击球训练，先确定击球目标。

训练方法

（1）按照多个球场的球道图、码数本进行模拟练习，不同气候、不同球洞区通道攻略（参见附录 2 球道图进行模拟练习）。

（2）模拟多种障碍与环境，打出弯曲球弹道、低飞球弹道、高飞球弹道。

（3）可以模拟比赛进行交替击球，依照标准与假设环境击出多种弹道。

模块三　障碍区实战策略

实训目的

通过针对性的训练掌握不同距离、不同球位、结合个人技术特点的打沙坑球的方法和打球策略。

实训方式

在不同气候下用多个不同的沙坑进行模拟练习，模拟多种不同沙坑球的攻击策略打法，可以模拟比赛进行交替击球训练、模拟各种球位测试等方式进行训练。

实训项目

项目一　长距离沙坑击球策略

情景

比赛中在沙坑击球。

能力目标

1. 具有运用战术打出沙坑球的能力。
2. 具有运用战术打出长距离沙坑球的能力。

知识目标

1. 了解打沙坑球的基本知识。

2. 掌握不同球杆打沙坑球的方法。

训练要求

训练强度：一般强度。
训练水平：具有初级或中级水平。
训练时间：约 30 分钟。
训练器材：球杆、球。
训练场地：球场沙坑或室外练习场沙坑。

步骤要求（表 2-9）

表 2-9　长距离沙坑击球训练步骤与要求汇总表

内容序号	训练步骤	训练要求
1	沙坑击球的基本要领	1. 打沙坑球不需要直接碰到球，朝着球后方 2～2.5cm 的区间打击 2. 当面对沙坑球时，不用紧张，只要记住用杆头将沙击出，沙的冲击力会使球飞出沙坑 3. 挥杆过程类似打高吊球，上杆时尽早屈腕，挥杆平面较陡立，下杆时以从外到内挥杆，将球和沙一起抛上果岭
2	长距离沙坑击球	1. 选好球杆，是保证长距离沙坑击球成功的重要条件 2. 要确保球有足够的起飞角以越过沙坑的前缘，否则，即使质量再高的击球，也会被沙坑缘挡回来，造成相当大的距离损失

注意事项

1. 击出的沙坑球要在可以控制的范围内。
2. 注意击出沙坑球的距离。

实训测试（表 2-10）

表 2-10 沙坑击球测试记录表

时间 内容序号	测试项目	姓名 子项目	满分	得分	考核教师 存在问题	纠正方法
1	沙坑球的打法	木杆打沙坑球	20			
		铁杆打沙坑球	20			
2	长距离沙坑球	木杆打长距离沙坑球	30			
		铁杆打长距离沙坑球	30			

实战训练

练习沙坑：确定击球目标，选择球杆，了解球周边环境，击球，效果评价。

训练方法

1. 在不同气候条件下进行不同沙坑模拟练习。
2. 模拟多种不同沙坑球的打法。
3. 可以模拟比赛进行交替击球。

项目二 中距离沙坑击球策略

情景

比赛中进行中距离沙坑击球。

能力目标

1. 具有运用战术打出中距离沙坑球的能力。
2. 具有运用战术打出陷入沙坑内球的能力。

知识目标

1. 掌握打中距离沙坑球的方法。
2. 掌握各种陷入沙坑内球的打法。

训练要求

训练强度：一般强度。
训练水平：具有初级或中级水平。
训练时间：约 30 分钟。
训练器材：球杆，球。
训练场地：球场沙坑、室外练习场沙坑。

步骤要求（表 2-11）

表 2-11 中距离沙坑击球训练步骤与要求汇总表

内容序号	训练步骤	训练要求
1	中距离（约 40~50 码）沙坑球	1. 用劈起杆取代沙坑杆 2. 站姿稍微打开，双脚、臀部和肩膀瞄准目标左侧，开放杆面 3. 瞄准目标或目标右侧 4. 不需要打起太多沙，瞄球后方约 1cm 的位置 5. 因为采用开放的站姿，在通过击球区时，会形成由外而内的挥杆路径，加上杆面也是维持开放的状态所以会产生一点侧旋。在球飞上果岭的同时，也会在空中稍微的往右移动，落点也会偏向右侧

(续表)

内容序号	训练步骤	训练要求
2	陷入沙坑内的球	1. 起杆时屈腕，陡立的挥杆平面，击球角度更陡立 2. 与好球位沙坑球相比，上杆幅度要更大，让杆头在下杆过程达到所需的速度 3. 把注意力集中在球后方 5~7cm 的打击点 4. 由于沙面产生阻力大，因此击球时要加大力量，让杆头前缘用力下切 5. 球的弹道会较低，并且滚得更远

注意事项

1. 要注意控制中距离沙坑击球的距离。
2. 根据陷入沙坑球的不同情况选择相应的击球方法。

实训测试（表 2-12）

表 2-12 中距离沙坑击球实训测试记录表

时间		姓名			考核人		
内容序号	测试项目	子项目	满分	得分	存在问题	纠正方法
1	中距离沙坑球	木杆打中距离沙坑球	30			
		铁杆打中距离沙坑球	30			
2	陷入沙坑内的球	打陷入地面的球	40			

实战训练

练习沙坑：确定击球目标，选择球杆，了解球周边环境，击球，效果评价。

训练方法

1. 击打不同程度陷入沙坑内的球。
2. 模拟多种障碍与环境，打出中距离的沙坑球。

模块四　特殊球位击球策略

实训目的

通过针对性的训练掌握击打球道、沙坑等上下斜坡球位的能力，结合个人技术特点进行特殊球位击球方法和打球策略。

实训方式

在不同气候的模拟比赛中，进行不同沙坑球的攻击策略训练、模拟各种球位测试训练。

实训项目

项目一　斜坡球位击球策略

情景

比赛中在球洞区通道球位于斜坡上。

能力目标

1. 具有击打斜坡球位的能力。

2. 具有击打上、下坡球位的能力。

知识目标

1. 掌握击打斜坡球位的方法。
2. 掌握击打上、下坡球位的方法。

训练要求

训练强度：一般强度。
训练水平：具有初级或中级水平。
训练时间：约30分钟。
训练器材：球杆，球。
训练场地：球场斜坡球道或练习场上、下坡草地。

步骤要求（表2-13）

表2-13 斜坡球位训练步骤与要求汇总表

内容序号	训练步骤	训练要求
1	斜坡球	1. 斜坡上打出去的球，会顺着斜坡的方向偏离目标方向 2. 在挥杆的时候先预计出球飞行的方向会偏离多少 3. 把球打向相反方向以抵消其偏离度
2	上、下坡球	1. 上坡击球时，击球角度变大，球飞行球弹道较高，飞行距离就相应缩短 4. 朝下坡的方向击球时，下坡的坡度抵消了倾角的角度，所以击出去的球弹道比较低，滚动距离较远

注意事项

1. 击出的斜坡球位要控制方向。
2. 根据球洞区通道不同上坡球位和下坡球位控制击球距离。

实训测试（表2-14）

表2-14 斜坡球位实训测试记录表

时间＼内容序号	测试项目	姓名		考核人	
		子项目	满分	得分	存在问题	纠正方法
1	斜坡球	木杆击打斜坡球	20			
		铁杆击打斜坡球	20			
2	上坡球	击打上坡球位的球	30			
3	下坡球	击打下坡球位的球	30			

实战训练

室外练习场训练：模拟上坡、下坡、侧坡球位，确定击球目标，选择球杆，了解球周边环境，击球，效果评价。

训练方法

1. 按照多个球场的球道图、码数本进行模拟练习，掌握不同气候、不同球洞区通道攻略（参见附表2的球道图进行模拟训练）。

2. 模拟多种障碍物击打斜坡球位。
3. 模拟多种球道击打上坡球位、下坡球位。

项目二　沙坑内斜坡球位击球策略

情景

比赛中球打到了沙坑内上坡或下坡球位沙坑中。

能力目标

1. 具有运用战术打出沙坑内上坡球位和下坡球位球的能力。
2. 具有运用战术击打沙坑内球位高于或低于脚位球的能力。

知识目标

1. 掌握击打沙坑内上、下坡球位球的方法。
2. 掌握击打沙坑内球位高于或低于脚位球的方法。

训练要求

训练强度：一般强度。
训练水平：具有初级或中级水平。
训练时间：约20分钟。
训练器材：球杆、球。
训练场地：球场斜坡沙坑或练习场上、下坡沙坑。

步骤要求（表2-15）

表2-15 沙坑内斜坡球位训练步骤与要求记录表

内容序号	训练步骤	训练要求
1	沙坑内上、下坡球位	1. 当球位处于上坡球位时 （1）让肩膀尽量与斜坡平行 （2）理想的击球角度挥动杆头通过沙地 （3）挥杆让杆头加速穿过沙子并在较高位置收杆 （4）击出的球会高飞且很快停住，因此要果断地瞄着旗杆顶端击球 2. 当球位处于下坡球位时 （1）击球准备，把身体大部分重量放在较低的那只脚上 （2）加宽站姿。使肩膀几乎与坡度平行 （3）球偏向站姿后方 （4）挥杆时减少下半身动作，要早屈腕 （5）以陡立的角度顺着斜坡挥出，击中球后方的沙地。这种球会低飞且滚动距离较远
2	沙坑内球位高于或低于脚位	1. 当球位高于脚位时 （1）采用正常站姿，让杆面稍微瞄准目标右侧 （2）在这种情况下，球会往瞄准方向的左侧飞出 （3）握短球杆，让右手几乎要碰到杆身的金属部分 （4）挥杆跟平常相比，要以更内侧的路径上杆，让球杆向后的幅度更大 2. 当球位低于脚位时 （1）关键在于保持身体稳固，要把双脚的距离加宽 （2）上身降低，更容易接近球 （3）挥杆时双手和手臂往后上杆，且更早地屈腕 （4）让球杆以更陡立的角度往上移动，击球后，球会向瞄准位置的右侧飞

实训测试（表2-16）

表2-16 沙坑内斜坡球位实训测试记录表

时间 内容 序号	测试项目	姓名 子项目	满分	考核人 得分	存在问题	纠正方法
1	沙坑内上、下坡球位	木杆击打沙坑内上坡球位	10			
		木杆击打沙坑内下坡球位	10			
		铁杆击打沙坑内的上坡球位	10			
		铁杆击打沙坑内的下坡球位	10			
2	沙坑内球位高于或低于脚位	击打沙坑内球位高于脚位	30			
		击打沙坑内球位低于脚位	30			

实战训练

球场或室外练习场：模拟沙坑内上、下坡球，确定击球目标，选择球杆，了解球周边环境，击球，效果评价。

训练方法

1. 模拟在比赛进行交替击球。
2. 模拟多种不同沙坑内球位（高于或低于脚的球）。
3. 模拟各种沙坑内上、下坡球位进行击球练习。

模块五　不同气候实战策略

实训目的

通过针对性的训练掌握雨天、大风天气进行击球的方法和打球策略。

实训方式

在特殊天气条件下进行训练和模拟比赛。可以模拟比赛进行交替击球训练，模拟各种球位测试等方式进行训练。

实训项目

项目一　雨天打球策略

情景

比赛在雨中进行。

能力目标

1. 具有雨天打球的防护能力。
2. 具有合理利用战术进行雨天打球的能力。

知识目标

1. 掌握雨天的防护知识。
2. 掌握雨天打球的要领。

训练要求

训练强度：一般强度。

训练水平：具有初级或中级水平。

训练时间：约 30 分钟。

训练器材：防雨球包、雨衣、雨伞、防寒衣、防水手套、干毛巾、球杆、球。

训练场地：球场、室外练习场。

步骤要求（表 2-17）

表 2-17 雨天打球实训步骤与要求汇总表

内容序号	训练步骤	训练要求
1	在雨伞下放一条毛巾	1. 准备一条质量好、轻软的毛巾，放在雨伞下的扶手上 2. 毛巾保持干爽，用来擦拭握柄上的水
2	用大一号的球杆	1. 打球时至少拿大一号的球杆，球雨天飞行不如平时远 2. 受雨水影响，很难准确判断距离，需用杆号大一些的球杆 3. 选择安全打法
3	变线较小	1. 雨天果岭的速度会慢得多 2. 变线较少，推击应该更有力一些 3. 球会滑过草面，很快减速，只有到了球洞附近才有较大变线
4	切击球的旋转较强	1. 雨天在果岭附近切球时，球旋转会较强 2. 应该采取与平时不同的切击方法。如果打法恰当，球第一次弹起后会滑行一段，第二次弹起后会停止，即先滑行再停止 3. 地面湿滑时，注意避免用切击 4. 要保持身体重心居中，挥杆轨迹尽量浅平 5. 在湿地上挥杆陡立风险比较大 6. 建议业余球员最好用推杆或杆面平直的球杆击球

(续表)

内容序号	训练步骤	训练要求
5	了解规则	1. 充分利用规则，如果正常站位时地上的水高过你的鞋边沿，可以按照临时积水补救 2. 球在沙坑中的临时积水里进行补救时，有下落陷入沙里的危险 3. 如在果岭附近，则补救时不能把球抛在果岭上
6	准备雨衣和防水球包	1. 装备应防雨水渗透 2. 把塑料袋放在里面，防止握柄浸湿 3. 雨衣要轻、上半身轻软，不妨碍挥杆 4. 雨衣最好是套头的，不用拉链。拉链可能漏水，而且套头的雨衣容易在胸前鼓突起来
7	用防雨手套	1. 准备一只雨天手套放在球包里 2. 球包里装12只新的真皮手套 3. 一件连指手套，可以保持手的干爽，还可保暖 4. 暖手袋也有同样的作用，不是因为寒冷，而是因为潮湿
8	为特殊状况做准备	1. 心态很重要，而且要正确对待 2. 要做好充分的准备，不要等打到第6洞才发现球包里还没放毛巾 3. 对雨天要做好心理和物资准备
9	穿着雨衣训练	1. 穿着雨衣练球 2. 穿着雨衣也一样挥洒自如 3. 在练习场上，穿上雨衣练球，练到可以轻松自在地挥杆，其中好处到雨天你就体会到了
10	雇用一个球童	1. 很多业余球员打球时，会因为球童分散注意力，他们不习惯打球时有人一直站在身边 2. 在下雨天，球童的好处就显现出来了，能有另外一双手在一旁协助显得非常重要

实训测试（表2-18）

表2-18 雨天打球实训测试记录表

时间 内容 序号	测试项目	子项目	满分	得分	存在问题	纠正方法
		姓名		考核人		
1	穿着雨衣训练	木杆开球5次	10			
		铁杆击打5次	10			
2	雨天训练	木杆开球3次	30			
		铁杆击打5次	25			
		沙坑击球5次	25			

实战训练

1. 室外练习场训练：穿着雨衣训练上坡、下坡、侧坡球位击球，确定击球目标，选择球杆，了解球周边环境，击球，效果评价。
2. 雨天球场训练：雨天模拟比赛训练。

雨天训练方法

（1）按照多个球场的球道图、码数本进行模拟练习，不同球洞区通道攻略。

（2）雨天进行障碍斜坡球位击球训练。

（3）雨天在各种球道上进行上、下坡球位击球训练。

相关知识

影响打球的主要因素

1. 风向和风速
2. 雨水情况
3. 果岭
  (1) 坚硬或松软
  (2) 草：草种、高度
  (3) 障碍物：树木等
  (4) 障碍区：水障碍、沙坑
  (5) 障碍区形状和进攻难易程度
  (6) 旗杆位置
  (7) 果岭坡度
4. 球道
  (1) 松软（浇过水）还是坚硬
  (2) 落球区球道坡度
  (3) 草（长度）
  (4) 障碍物：水障碍、沙坑
5. 球员
  (1) 体能
  (2) 状态
  (3) 心理

项目二　风天打球策略

情景

比赛在大风天气中进行。

能力目标

1. 具有风天打球的能力。
2. 具有应对风天对打球影响的能力。

知识目标

1. 掌握风天打球的要领。

2. 掌握风天应该准备的防护用品。

训练要求

训练强度：一般强度。
训练水平：具有初级或中级水平。
训练时间：约 30 分钟。
训练器材：防风眼镜、防寒衣、毛巾、球杆、球。
训练场地：球场、室外练习场。

步骤要求（表 2-19）

表 2-19　风天打球步骤与要求汇总表

内容序号	训练步骤	训练要求
1	如何在风中开球	1. 要打出高弹道 2. 加宽站位，让身体更加平衡 3. 握短球杆，控制短的上杆幅度 4. 流畅而轻松地挥杆 5. 击球时，双手处于球前面 6. 在适用中铁或长铁的地方，至少携带 2~3 支铁杆以打出更远距离
2	如何开出顺风球	1. 使用杆面倾角更大的 3 号木杆 2. 打出顺风球可能让球飞得过远，反而错过赢得小鸟球的机会 3. 适合劈起杆的球位可以选择 5 或 6 号铁杆将球切出使其滚动 4. 果岭阻力很大，可以在适合 9 号铁竿距离的地方使用沙坑杆 5. 干净利落地大力击球，不要将球击得更远，平顺地滚动以避免将球打厚

(续表)

内容序号	训练步骤	训练要求
3	遇到从左到右的侧风时	1. 从左到右的侧风，会让球偏向右侧，让右曲球更加严重 2. 从球座上可以选择 3 号木杆，而非发球杆 3. 稍稍关闭杆面(强势握杆)，产生瞄向左边的挥杆路径 4. 采取更大的杆面倾角，让双手握把时稍稍偏向右侧，并瞄向旗杆左侧(如果空间允许)，球将会很快停下来
4	遇到从右到左的侧风时	1. 多数的球员倾向于打出右曲球或者轻微右曲球，所以当他们遇到从右到左的风时似乎没有大碍 2. 在风中自动瞄准可以让杆面路径从内向外，让风将球带回球道上 3. 左曲者，弱势握杆，打出比正常弹道更低的弹道，打出从左到右的弹道 4. 对于常打出轻微左曲球或右曲球者，使用轻击球将球打到果岭时应采用更小的杆面倾角 5. 以更小的力量和更开放的杆面击球。球飞行时会遇到阻力并轻轻着陆
5	在风中进行推杆	1. 在强风中进行推杆很难，要有心理准备并保持身体平衡 2. 在球的两侧稍稍开放站位 1~2 英寸，以获得更佳的稳定性 3. 在坚硬、快速的果岭上，推球时要小心，避免杆头触及球体后方的地面 4. 瞄准站位后，一旦推杆触及地面球就会触动球体，那就容易被罚一杆 5. 在推杆果岭上放置了球(静止状态)，一阵强风也许会在瞄球之前将球吹到远离球洞的地方，这样球员必须从新的位置开始推杆

实训测试（表 2-20）

表 2-20 大风天打球实训测试记录表

时间 项目 序号	测试项目	子项目	满分	姓名 得分	考核人 存在问题	纠正方法
1	练习场大风中训练	木杆开球 4 次	40			
		铁杆开球打 3 次	15			
2	练习场大风中训练	长距离球道击球 3 次	15			
		铁杆攻果岭 3 次	15			
		推杆击球 3 次	15			

实战训练

1. 练习场训练：大风天击球训练，确定击球目标，选择球杆，了解球周边环境，击球，效果评价。
2. 球场训练：大风天模拟比赛训练。

风天训练方法

（1）按照多个球场的球道图、码数本进行不同球洞区通道攻略的模拟练习。
（2）结合个人技术特点进行不同球道、不同球位的击球训练。

项目三　冬季打球策略

情景

比赛在冬季寒冷环境中进行。

能力目标

1. 具有冬季打球的能力。
2. 具有应对冬季低温对打球影响的能力。

知识目标

1. 掌握冬天打球的防护知识。
2. 掌握冬天打球的要领。

训练要求

训练强度：一般强度。
训练水平：具有初级或中级水平。
训练时间：约30分钟。
训练器材：防风眼镜、防寒衣帽、防寒手套、防寒鞋、暖手炉、毛巾、球杆、球。
训练场地：球场、室外练习场。

步骤要求（表2-21）

表2-21 冬季打球步骤与要求汇总表

项目序号	训练步骤	训练要求
1	挥杆	1. 尽可能用角度较大的木杆来取代长铁杆，长铁杆的容错性比较小，在地面不太理想的状态下，很难做出扎实的击球 2. 适合使用角度较大的木杆，这主要是因为杆头的形状和设计 3. 大角度的木杆，很容易就滑过不平整的地面，同时甜蜜点也比长铁杆大，稍微偏离甜蜜点亦不会有大的偏差

(续表)

项目序号	训练步骤	训练要求
2	短杆	1. 冬天气候寒冷、干燥，果岭会变得十分坚硬 2. 短杆打上去的球容易弹跳，不便于停球 3. 在攻果岭时要确保球的落点不要离旗杆太近，判断好球的滚动距离
3	推杆	1. 冬天推杆线路与夏天线路截然不同 2. 冬天果岭不会剪得很短，所以速度会比较慢 3. 采用更扎实的击球方式 4. 果岭坡度变化较小 5. 推杆必须比夏天适当加大用力 6. 推击线的弯曲会比较小

实训测试（表 2-22）

表 2-22 冬季打球实训测试记录表

时间		姓名			考核教师	
项目序号	测试项目	子项目	满分	得分	存在问题	纠正方法
1	冬季室外练习场训练	木杆开球 4 次	40			
		铁杆开球打 3 次	15			
2	冬季室外练习场大风中训练	长距离球道击球 3 次	15			
		铁杆攻果岭 3 次	15			
		推杆击球 3 次	15			

实战训练

1. 室外练习场训练：冬季寒冷天气击球训练，确定击球目标，选择球杆，了解球周边环境，击球，效果评价。

2. 球场训练：冬季寒冷天气环境中模拟比赛训练。

训练方法

在冬季寒冷的环境中结合个人技术特点进行多种球道、不同球位的击球训练。

单元小结

本单元重点介绍了发球区的发球策略，球洞区通道中的战术策略，障碍区中不同球位与环境的击球策略，特殊球位的击球策略，特殊气候击球策略的击球方法及训练步骤要求。教练员根据比赛需求，按照以上训练方法对球员进行针对性的技术训练、战术训练、模拟练习、技能测试等；掌握不同类型球场的发球台、球道、障碍区、特殊球位、特殊气候条件击球策略训练的方法和要求，从而提高比赛成绩。

第三单元
高尔夫球战术训练岗位提升

通过本单元的学习训练，综合运用各种心理训练方法，充分发挥个人技术优势，提高各项球场技术战术的配合能力，进而提升综合技战术水平，使实战能力得到明显加强，提高比赛成绩。

模块一　心理训练方法

实训目的

通过本模块的学习实训，掌握高尔夫实战心理训练的方法，能够科学制定高尔夫实战心理训练计划。

实训方法

通过认知训练法、自我表现暗示法、调节呼吸法、转移注意力法等，设置合理目标，进行实战比赛与训练等方式进行策略训练。

实训项目

项目一　赛前心理准备策略

情境

比赛前的心理准备。

能力目标

1. 具有赛前心理调整的能力。
2. 具有控制稳定赛前情绪的能力。

知识目标

1. 了解运动心理学知识。
2. 掌握赛前心理准备方法。

步骤要求

1. 设置合理的目标

（1）明确比赛任务和自身实力。
（2）建立现实、具体且具有一定挑战性的目标。
（3）设置能够被球员接受的目标，避免目标过高给球员带来心理压力。

2. 激发良好的比赛动机

（1）培养训练兴趣和比赛欲望。
（2）建立适宜的比赛动机——渴望参加比赛，这样才能自觉、积极地动员机体以最大的潜能投入比赛。
（3）若动机过强，超过了适宜的水平，则会导致精神过度紧张，影响发挥。

3. 制定心理技能训练计划

（1）针对比赛中可能遇到的状况，制定出详细且易于实施的心理技能训练计划。
（2）增强球员的自我调节能力，以减少球员的应激水平，促进其正常或超长发挥。
（3）心理技能训练还能帮助提高球员的自我效能，增强自信心。

4. 建立合理的自信心

（1）根据比赛形式及对各种利弊因素的分析，清醒地看到自己的长处和不足，不可盲目乐观。

（2）当球员在比赛前遇到挫折或不利因素而影响比赛信心时，要及时采用调节放松等方法提高球员的自我控制能力，帮助球员充分认识到自己的优势，恢复比赛的信心。

5. 心理紧张的调节方法

（1）认知训练法。
（2）自我表现暗示法。
（3）调节呼吸法。
（4）转移注意力法。

项目二　赛前心理状态的种类、对比赛的影响及调节方法

情境

比赛前的心理准备。

能力目标

1. 具有调整赛前复杂心理的能力。
2. 具有控制稳定赛前情绪的能力。

知识目标

1. 了解赛前心理状态的种类。
2. 掌握赛前心理对比赛影响的调节方法。

步骤要求（表 3-1）

表 3-1　赛前心理状态的种类、对比赛的影响及调节方法汇总表

内容 序号	类型	表现	对比赛的影响	调节方法
1	赛前过分激动状态	1. 球员过度或过早兴奋 2. 情绪强烈紧张，呼吸短促、心跳加快、四肢颤抖、心神不定 3. 经常有恐惧、焦虑、易激怒、不安等消极情绪困扰	1. 球员不能很好地控制自己的动作 2. 知觉和表象不连贯、注意不集中 3. 记忆力明显减弱 4. 动作稳定性及行动效果差	1. 认知训练法 2. 自我表现暗示法 3. 调节呼吸法 4. 转移注意力法
2	赛前淡漠状态	1. 情绪低落、缺乏信心，对比赛没有兴趣 2. 意志消沉、萎靡不振 3. 体力明显下降，反应迟钝 4. 有逃避比赛心理	1. 不能调动身体和心理全部能力应对比赛 2. 难以发挥比赛水平	1. 认知训练法 2. 自我表现暗示法 3. 加快呼吸法 4. 激发斗志
3	赛前盲目自信状态	1. 对比赛的困难和复杂程度估计不足 2. 过高估计自己的实力	1. 不能充分调动自己的心理能量 2. 注意力下降，知觉、思维迟缓，思想漂浮 3. 行动应急处理效果差	1. 认知训练法 2. 自我表现暗示法 3. 调节呼吸法 4. 转移注意力法
4	最佳竞技状态	1. 情绪高昂、充满自信 2. 体力充沛、反应敏捷 3. 参赛动机水平高	1. 能充分动员身体和心理能量应对比赛 2. 身体协调，动作完成质量高	

项目三　用理想的态度对待比赛

情境

比赛前的心理准备。

能力目标

1. 具有良好的赛前心理调整的能力。
2. 具有控制稳定赛前情绪的能力。

知识目标

1. 了解赛前心理状态类型知识。
2. 掌握各种赛前心理调节方法。

步骤要求（表 3-2）

表 3-2　用理想的态度对待比赛的步骤与方法汇总表

项目序号	类型	表现	调节方法
1	冠军的心理游戏	1. 冠军心理状态：自信—始终相信自己的能力 2. 失败者：自信不足—打得不好时就丧失信心	1. 树立自信、永远相信自己 2. 面对困难、胜不骄败不馁 3. 击球时想一些简单的要领 4. 想象打得最好的一次击球

(续表)

项目序号	类型	表现	调节方法
2	进入状态	1. 进入状态：意味着完全摆脱怀疑和局促不安的心情来打球 2. 并不意味着每一次击球都是完美无缺的，但是即使在遭遇偶尔错过目标的击球时，也不会让自信消失	1. 训练在击球准备和挥杆时好的流程系统 2. 有意识地加强动作打球技巧训练 3. 相信自己能够做出最好的挥杆 4. 在挥杆时保持良好的心态 5. 尽可能地重复养成的感觉和节奏 6. 挥杆时，注意力集中在目标上 7. 身体保持自然挥杆状态
3	过程比结果重要	1. 击球时过分地考虑你想要的结果会影响动作的正确执行 2. 对结果的预期会使自己变得紧张或者兴奋 3. 无论哪种方式，都会影响运动路径和挥杆的流畅性	1. 选择风险小的目标 2. 联想挥杆技术动作 3. 最后完成挥杆动作 4. 击球瞄球动作流畅
4	预先面对一切可能的结果	1. 高尔夫就像玩概率游戏，预先接受可能出现的任何结果显得很重要 2. 没有自信，就难以做出自如挥杆动作 3. 只要三次击出与自己想要的球，就可以认为打出了一轮好球	1. 做好球场意外情况的处理预案 2. 树立处理意外情况的信心 3. 接受击球结果做好下次击球准备 4. 积极心态专注于击球

(续表)

项目序号	类型	表现	调节方法
5	兴奋或焦虑	1. 参加重大比赛，多少都会感到有一些紧张，这是任何人面对挑战时都会产生的现象 2. 有两种不同的情况可以用来解释紧张感：兴奋或者焦虑	1. 适度紧张和兴奋，准备迎接挑战 2. 积累比赛经验，消除紧张感 3. 做好心理调适，消除紧张感
6	调节呼吸	1. 击球之前的深呼吸，可以提高击球水平 2. 呼气时，想象紧张和焦虑感已随气体呼出了 3. 这样会觉得自己的心情变得更加坚定和平稳 4. 把注意力集中在目标上，挥杆节奏也变得更加均匀了 5. 吸气时用鼻子，感觉就像空气从喉咙泻入，从下向上填充你的整个躯干，不要耸肩 6. 呼气时用口，用比吸气稍慢的速度呼气。在吸气和呼气之间屏住呼吸一会儿	方法一 1. 吸气时默念，"吸，2，3，屏气" 2. 用稍微长的时间来进行呼气，同样默念，"呼，2，3，4，屏气" 3. 用什么方法来默念取决于习惯 4. 也可以默念希望产生的感觉来替代这个练习 方法二 1. 吸气时，可以默念："集中，2，3，4，屏气" 2. 呼气时，可以默念："放松，2，3，4，屏气" 3. 一些像"安静""平静""别紧张"这样的话，也是有用的
7	谁在控制挥杆	1. 打球时，无法自主控制挥杆，大脑一片空白 2. 潜意识挥杆情况下通常会打出令人吃惊的好球	1. 挥杆前默念诸如："我是最棒的""一切都顺利" 2. 不要刻意想着击球，放松心情 3. 挥杆时让潜意识指导身体，不受意识干扰 4. 让身体知道如何做最好的挥杆动作 4. 要击出理想的球，要用脑规划用心玩球

(续表)

项目序号	类型	表现	调节方法
8	自己的标准杆	1. 不足百分之一的人以平标准杆或者更好的成绩完成一轮比赛 2. 都用它来衡量自己的成绩。但当我们没有以常规的方法上果岭(低于标准杆2杆)，就会感到失望 3. 经常把 bogey 等同于不怎么成功 4. 对普通的球员来说，试图在一个洞上取得平标准杆的成绩通常以失败告终 5. 在一轮中获得平标准杆几乎是不可能的	1. 设置自己的标准杆——心情会变得更愉快 2. 拿铅笔并改变写在计分卡上的以平标准杆作为计算差点的标准 3. 在最难的9洞给平标准杆杆数增加一杆 4. 天气不好时，让你平标准杆杆数再多1杆或者2杆 5. 在当天"个人标准杆"。衡量你的成绩就是合适的标准 6. 在每轮之后对自己说，"今天我低于标准杆2杆"，——这种感觉真美
9	只统计好球	1. 好的球员对成功经历会牢牢记住，而对失败经历会很快淡忘 2. 当对分数在意时，仅仅统计打得好的球会把他们的注意力转移到打球的质量上来 3. 当任何水平球员打出质量更高的球后，他们的记分标准也有变化。随着水平的上升，杆数可能越低	1. 牢记成功经历，忘记失误 2. 欣赏一个飞向目标、落在目标的球——脑海中留下积极的印象，有助于树立自信心 3. 赛后，忘记失误，用些时间回顾好的攻略和打出的好球——记住打好球的经历 4. 如你是初学者或高差点球员，应该使用特殊计分法：仅仅统计你喜欢的击球。给每一个球计1分，在你每次打球时，设法得到更多的分数 5. 这个特殊计分法同样适用高水平球员，结果显示这个方法很成功

83

(续表)

项目序号	类型	表现	调节方法
10	表扬自己	1. 在强化好球的积极体验上做得更好 2. 当有人过多地赞扬我们击球中的一个球时，我们把它归于运气，常常用这样的话来回答："不过是幸运" 3. 虽然你对自己的得分表示谦虚，把自己比作瞎猫不利于自信心的建立 4. 你可以对自己的成绩做出更有利于打球的不同的评价	1. 当打出了一个刚好是你想要的好球时，继续打球并为自己的计划和执行邀功 2. 通过对赞美你的人说"谢谢，这正是我想象的结果"来增强你的视觉印象 3. 每当我坚持自己的计划，我总是击出如此美妙的球

相关知识

你的狗不咬你

在美国公开赛季后赛失败后，卡里·米德夫考夫博士被问及在失掉第三个公开赛的头衔后他的心情时，他说："这不是生和死。我的妻子将会依然爱我，回家时我的狗也不会咬我。"

认真地对待高尔夫运动是好事，但不要对自己过于认真。每次打球时与那些怨天尤人的人在一起不是有趣的事。通常这些人认为自己的实际能力比表现出来的要好。

正如一个巡回赛球员对脾气急躁的业余球伴说："恕我直言，你真的还没有到扔掉球杆的地步。"

从长远的角度来看事情，这样在高尔夫球场上使自己更愉快，其他的与你一起打球的人也会觉得更有趣。

"高尔夫球场上最重要的是保持良好的心态。"

项目四　球场打法心理策略

情境

一场比赛中的心理调节。

能力目标

1. 具有在比赛中控制情绪稳定性的能力。
2. 具有利用心理调节进行赛场策略决策的能力。

知识目标

1. 掌握比赛中心理调节的方法。
2. 掌握各种比赛心理调节的步骤。

步骤要求

1. 检查握杆力度。心理紧张导致肌肉紧张，手部毛细血管收缩，打球没有手感。因此要控制好握杆力度。

2. 注意调整节奏。注意节奏，很多人打得不好时，容易急躁。切记，要完成有节奏的击球。所有的准备动作，要用自己平时的节奏来完成。

3. 注意击球方向要正确。不要再去改变自己的挥杆，而是把注意力放到落球目标上，开球时要保守一点，选择更安全的球杆，选择果岭上更安全的位置。不要力争完美，对自己的错误宽容一些。

4. 控制好情绪。一个没打好的球就可能让你急躁起来。此时应适当转移注意力、调节呼吸、放松心情，尽量忘掉失误的一杆，想着当前的击球。

项目五　比赛心理控制方法（一）

实训目的

1. 了解在练习或比赛中出现的心理状态，掌握心理调节方法。
2. 强化球员心理调节能力，提高训练效果和比赛成绩。

步骤要求

1. 多做几次空挥杆动作，当你觉得有信心并做好击球准备后再击球。
2. 打出好球时停顿一下，记住这种击球感觉。加深自信击球的印象，在比赛时可以尽快进入比赛状态。
3. 保持情绪稳定。学会在击球时减少周围环境的影响。击球时只想着击球方向、落点和坚信自己可以做到。当然这不是盲目的自信，而是通过长期有计划的训练才能达到的。通常球员在紧张的时候会导致挥杆过快、上杆不完全或上杆过快。调节方法有：

（1）控制呼吸，需要缓慢地吸入，呼出，然后再把注意力放在击球上。

（2）放慢节奏，让一切事情慢下来，比如慢慢地从球包里拿出球杆，击球前多做一些空挥杆。

4. 选择性记忆

（1）不要打得不好就抱怨，切记：高尔夫就是不断出错和不断改正的运动。从这点出发，你就会不断地进步。

（2）选择性记忆：忘掉不好的挥杆，记住自然协调的挥杆感觉。

5. 集中注意力

（1）在当前时刻集中注意力，击球时不要想着其他事情。

（2）第一洞开球时，不想这次总杆能打多少，推杆时不想下一洞开球。

（3）下场前要调整好自己的心情，不要将不愉快的情绪带到球场上。

（4）职业球员在大赛前都会用一个星期甚至一个月时间进行自我调

整，以保持愉快自信的心情。

项目六　比赛心理控制方法（二）

实训目的

1. 了解比赛中出现的心理状态。
2. 掌握心理调节方法，提高球员心理调节能力。

步骤要求

1. 巧用战略

（1）如果在果岭旁有障碍（水障碍区或树林），可以将球打向障碍区。
（2）然后上果岭时你就不会对着障碍区（在梯台时，就直接插在有障碍区的方向）。
（3）在比赛中第一杆用球道木杆开球，以此来增加信心，减少开球失误。
（4）降低杆的号数，当信心不足时，可以牺牲码数来换取稳定。

2. 自我暗示

（1）自我肯定，在打困难的一杆之前对自己说："我能行、没问题"。这一杆越困难，对自己的自我暗示要越多。
（2）比如在大赛的最后一洞，面对一个长距离的铁杆上果岭，而且需要抓"鸟"来取得胜利，对自己默念："我知道这一杆的意义，我已经打过上千遍，现在不过是再打一次"。

3. 想象与形象化

（1）在球员中经常会出现这样一种现象，在观看完职业球员的比赛后，紧接着第二天下场打球成绩也会相对较好，这就是因为看完职业球员的挥杆和竞技状态后，把自己也想象成是职业球员，表现出职业水准的协调性与气势。

（2）在练球时也可以录像，把一些轻松自然的挥杆保留下来经常观看以便在下场时想象。

4. 进入最合适的心理环境——理想状态

（1）理想状态中会让你获得完美的击球，这感觉就像你觉得挥杆非常轻松和自然。

（2）球员在这种状态时，有一种不寻常的感觉，就像在击球的不是他们一样。事实上，他们也经常反馈说就像身体被更强大的能量控制。虽然很多球员都会有这种感觉，但是这种状态保持得并不长久。

（3）这种状态是由人的潜意识造成的，而潜意识通常沉睡在人体里，它会记录你所有的高尔夫比赛记忆与经验。当球员在状态中时，其意识会变得安静（在大部分时间会很活跃），此时将会由潜意识来控制身体，就像"自动驾驶"和电脑运行软件一样。当然不是说身体真的是不需要脑袋控制，相反这正是从另一个更稳定的状态击球。

相关知识

《高尔夫：心理游戏的艺术》——新浪体育讯

http://sports.sohu.com/20130912/n386429970.shtml

项目七 比赛心理控制方法（三）

实训目的

1. 掌握比赛中心理控制的方法。
2. 提高球员心理调节能力。

步骤要求

1. 了解对击球有帮助的信息

（1）目测距离、测量风向风力。
（2）观察球道形态、观察障碍区的分布。
（3）最佳落点的距离、果岭位置、旗杆位置等。

2. 根据个人状态选择策略

（1）状态很好，选择进攻型打法。
（2）状态不佳，选择保守型打法。

3. 有战略意识

（1）规划好整场比赛。
（2）明确每个球道直到每一次击球的战术策略。

4. 寻找击球感觉

（1）通过不断击球获得。
（2）通过观看比赛获得。
（3）教练的指导下获得。
（4）多尝试多感悟获得。

5. 善用暗示

（1）暗示目标——球打到哪里。
（2）挥杆理念和感觉——暗示自己挥杆像球星一样自如。
（3）节奏暗示——如打球失误之后暗示自己放慢节奏或尽快忘掉。
（4）暗示目的——为了增强自信。

> **相关知识**
>
> **赛前心理准备的重要性**
>
> 1. 赛前要进行针对性的系统心理训练,这是获得比赛最佳心理状态的前提和基础。
> 2. 针对比赛中可能出现的各种突发事件制定应对措施,防患于未然,促使和保障比赛最佳心理状态的形成。
> 3. 从自身做起,制定合理的训练计划和竞技目标,建立适度的参赛动机,激励球员奋勇拼搏,实现自我。

项目八 赛前心理准备方法

实训目的

1. 掌握赛前心理准备的方法。
2. 通过赛前心理准备建立自信从而提高比赛成绩。

步骤要求

1. 加强心理调控。想要控制好自己的球,要先学会如何控制自己的情绪。

2. 坚持按计划比赛。在到达球场之前,务必要先拟定比赛计划。

例如:

(1) 上场前拟定不同果岭的攻略计划。

(2) 预先决定在哪个区域要采用保守打法(瞄准果岭中央)。

(3) 何时才是攻击旗杆的好时机。

(4) 还要将几个特定因素考虑在内。如大雨、强风的天气下,就必须要改变原先的击球策略。

(5) 千万不能让一些负面的心理因素影响预定的击球计划,如开球表现太差时,想法弥补失误,结果采用有勇无谋的击球策略,通常只会让情况更糟。

(6) 要是刚开始的表现还不错，也不要突然就变得过于保守。

3. 下场打球时，尽量按照原定的计划执行。

相关知识

打高尔夫球心理因素占七成　8个心理训练原则

作者：James　来源：新浪体育

高尔夫虽然是一项以技术为主的运动，但亦颇受心理因素和精神状态的影响，有人认为，高尔夫在精神上或心理方面占70%，其余才是技术及运气。我们经常说的"3C"，即是指的心理方面，包括精神集中（Concentration）、自信（Confidence）及控制（Control）。

心理训练8原则：

1. 准备：找出自己的弱点，加强练习。知道自己的弱项，在练习场做针对性练习。

2. 击球前例行动作要一致。不管在多大压力情况下，击球之前的惯常动作一定要做完整，否则会影响整个挥杆节奏，尤其是在有各种干扰的情况下。

3. 控制自己的情绪，保持平静。任何时候都不要心慌，要以平和的心态对待外界的干扰。

4. 想象球的理想飞行轨迹。这是一种心理暗示。

5. 瞄球时要集中精力，千万不要被旁边的东西所吸引。

6. 接受自己打出的每一球，不管是好是坏。坦然接受自己的任何击球效果，不要怨天尤人，不要抱怨同组球员、球童，不要以各种借口为自己开脱。

7. 积极乐观地看待一场比赛。

8. 保持学习的态度。

一个球手，不论球技高低，都会受到心理的影响，心理状态很大程度上影响了球技的发挥。心态上出现偏差，心理不平衡，打球过于急躁，都可能导致战略判断上出现错误。另外，当遇到球道狭窄，眼前有水塘、沙坑、树木等障碍的时候，球员也会在心理上产生极大的压力而影响打球。所以球员要保持良好的心态，才不致受其影响，发挥出正常的技术水平。

项目九 恶劣天气心理准备程序

情境

比赛在恶劣天气中进行。

能力目标

1. 具有在恶劣天气中进行比赛的能力。
2. 具有利用心理调节比赛的能力。

知识目标

1. 了解恶劣天气进行心理准备的知识。
2. 掌握恶劣天气心理准备的步骤方法。

步骤要求

1. 心理准备

（1）做好恶劣天气打球的心理准备（表3-3）。

表3-3 球员比赛备品清单记录表

记分纸4本、笔4支	比赛用球12粒	球梯长中短各12支	Mark 6个	雨具：雨伞2把、雨衣雨裤2套	御寒衣服2套	饮料：红牛4罐	补充食品巧克力4块
手套12支（小羊皮6支、防水6支）	太阳镜1个	毛巾2条	球帽2顶	香烟2盒	打火机1个	比赛服装4套	比赛鞋2双
指示棒2根	推杆练习器1套	拉力橡胶带1根					

注：有些物品球员只需在空格中打"√"。

(2) 养成习惯，有备无患。

2. 列出清单

(1) 将要准备的东西列出一份清单。
(2) 按照清单对诸如记分纸笔、比赛用球、球梯、球标、雨具、御寒衣服、饮料、必要的补充食品等做细致的准备。
(3) 球员根据清单逐一检查比赛物品，以防遗漏。
(4) 预留表中空格以备球员填入自己特殊需要的东西，比如吸烟的球员可以填上香烟和打火机等等。

3. 坦然面对

(1) 做好应对恶劣天气的心理准备。
(2) 告诫自己去适应恶劣天气环境。
(3) 提醒自己牢骚和抱怨改变不了天气。

4. 心理暗示

(1) 在恶劣天气时，告诫自己大家都在面对同样的天气。
(2) 遇到球场草坪养护不好或球在打痕中等情况，不要抱怨，因为其他球员也可能遇到同样的球位。

5. 变换思路

(1) 变换一种思路常常能够营造出一种迥然不同的心理环境。
(2) 可以把大风天气当作一次不可多得的训练机会。
(3) 有意体会在恶劣天气下打球的"乐趣"。

项目十　调节第一洞开球时紧张情绪的方法

情境

在比赛中第一洞开球时情绪紧张。

能力目标

1. 具有调节第一洞开球紧张情绪的能力。
2. 具有合理利用心理调节比赛的能力。

知识目标

1. 了解调节心理紧张的基本知识。
2. 掌握消除开球紧张情绪的心理调节方法。

步骤要求

1. 选择有把握的球杆开球（三号木杆或铁杆）。
2. 用保守策略将第一洞目标定位 bogey（比标准杆多一杆）等。
3. 轻松地空挥几次球杆，想着落点而非用力，将注意力集中在扎实击球上。
4. 在挥杆前的一刻想象自己以慢动作挥杆的情形：轻松上杆，轻松下杆，不慌不忙。

相关知识

开球技巧

1. 开球时排除负面想法，专注正面想法，想着落点而不是距离。
2. 高尔夫与下棋或打台球相似，要时刻想着下一杆怎么打。

项目十一　调节比赛中过度紧张的方法

情境

在比赛中出现过度紧张的情况。

能力目标

1. 具有调节比赛中过度紧张情绪的能力。
2. 具有利用心理方法调节比赛情绪的能力。

知识目标

1. 了解调节心理紧张方面的知识。
2. 掌握紧张情绪的心理调节方法。

步骤要求

1. 集中精力

（1）击球前不要想结果，把全部精力集中到挥出漂亮一杆所需的过程上。

（2）想象正确的挥杆轨迹、扎实击球、杆面方正等，想着平顺的挥杆动作。

（3）记住几条对你有用的挥杆要诀。

2. 安全第一

（1）不要尝试打自己没练过的球。

（2）当球进入长草或树林等麻烦地带时更应该打安全球。

（3）每次击球前都要评估可能会出现的结果。

（4）不要有侥幸心理，救球时总想冒险一搏，总想挽回上一杆的损失，结果陷入更大的困境。

（5）采用"百分之九十法则"，即这种打法的成功率在90%以上，否则放弃。

3. 放慢节奏

（1）保持自己的打球节奏，无论是快是慢，重要的是能适合你的个性和风格。

（2）在一般情况下做到这点并不难，但是在面对紧张和压力的情况下，大多数人的节奏会变快。

（3）放慢速度做每一件事，例如放慢脚步、慢速深呼吸、特别要放慢挥杆速度。让你的身体和心智有机会相互调整达成一致的步调。

4. 有序一致

（1）如果准备程序不一致，挥杆就会不一致。

（2）在挥出每一杆之前，都遵循一套有序、一贯的准备动作。

（3）每次做击球前准备的时间要相同，做出一致的挥杆动作。

模块二　发挥个人技术优势

实训目的

通过本模块的学习实训，培养学员能够根据比赛场地特点，在实战中充分发挥个人技术、战术和心理优势，取得优异比赛成绩的能力。

实训方法

通过认知训练法、观察记忆法、实战比赛训练法等方式进行策略训练。

实训项目

项目一　熟悉比赛球场

情境

赛前熟悉比赛球场。

能力目标

1. 具有赛前详细掌握比赛球场信息的能力。
2. 具有利用球场地形特点发挥个人技术优势的能力。

知识目标

1. 了解比赛球场的相关信息。
2. 掌握熟悉比赛球场的方法。

步骤要求

1. 了解球场

（1）可以通过研究球场有关资料或通过向球童咨询对球场情况做概括性了解。这一步骤有助于球员把握球场的总体特点，了解一些实际打球过程中不易掌握的信息。

（2）了解球场每一洞的风向、风速特点，难度特点，球道地形及宽窄特点。

（3）了解障碍区设计特点、风雨天打球的特殊要求做到心中有数。

2. 下场实战

（1）熟悉球场的每一个球道，寻找一下感觉，为了获得牢固的印象，最好多打几场。

（2）获得球场体验，为比赛做好充分的资料准备和心理准备。获得可贵的感性信息。

（3）可以获得每一个球道的实际难度和障碍区信息，以及球道的风速、风向、果岭速度、难度等基本信息，为进一步制定实际的、理性的战术作准备。

3. 详细记录

（1）把所获得的信息做详细记录。
（2）建立良好的球场地形准备程序习惯。

4. 球道信息记录方法（表3-4）

（1）球道信息是指球道上的各种情况。

• 球道长度是指从梯台到球洞的总长度，标准杆数是这个球道的标准杆数，对这些信息每个球洞梯台旁边的码数牌上均有标注，是该球道最基本信息。

• 宽度：指击球距离范围内的球道宽度。球员应结合自己的击球距离做记录。例如：如一号木杆击球平均距离为220码，那么距离梯台200~240码的球道宽度状况应是重点关注的信息。因为此处球道很窄，而180~200码的球道很宽，应该选择能打出此距离的球杆击球，而不应该选择1号木杆击球。

• 狗腿洞：指左狗腿还是右狗腿，在空格中填左或右即可。
• 出界：指球道左侧或右侧是否有白桩，在空格处填左或右即可。
• 水障碍区：记录详细一些，如在球道多少码横着处有水障碍区，填实际码数。如果左侧或右侧有水障碍区，则填"左"或"右"。如果两者都有，不仅要填实际码数，还要填左或右。
• 球道上的沙坑障碍区：填实际码数。
• 树障碍：除了填左右以外，还可以填实际码数。

- 坡度：最好填细一些，如第一杆可能落点处的地形是上坡还是下坡，左斜坡还是右斜坡或是平地。
- 长草区：主要记录草的长度，是长草、半长草还是短草。

(2) 击球策略是根据每个球道记录信息所制定的具体击球方式。

- 目标：指每一杆应对准的具体目标。例如：面对右狗腿洞，你第1杆应对准什么目标击球，第2杆应对准什么目标击球等。
- 避开物：避开物和要避开的障碍物具体类型和距离，如要避开出界或水障碍区，避开的距离是多少等等。
- 弹道设计：主要是针对大风天气设计的。在不同的风速中，击球弹道的设计是不同的。可根据当天的气候情况随时填表。
- 延缓进攻策略（Lay up）：主要为障碍区设计。例如：第4洞是5杆洞，在记录表上看到220码处有一条水障碍区横在球道上，水障碍区宽度是150码，要打过水障碍区必须把球击出350码以上才行。如使用1号木杆开球平均距离250码，显然是不行的，因此只能选择击球距离在200码的球杆开球，即是选择延缓进攻策略，多用一杆过水障碍区，以免击球下水。
- 直攻策略：是球道状况良好或十分有把握时采取积极进攻的策略。例如在3杆洞，一般没有必要采取保守策略。

以上是球道细化策略不可分割的组成部分。

(3) 选杆策略指的是根据球道信息制定出相应的选杆策略，表3-4仅列出了球道信息情况，没有包括果岭信息。

表 3-4 球道信息记录表　　球场：　　　　日期：

球洞	球道信息											选杆策略			击球策略			
	长度	杆数	宽度	狗腿洞	出界	水障碍区	沙坑	树障碍	风向	风速	坡度	长草区	下雨	第一杆	第二杆	第三杆	第四杆	目标	避开物	弹道	延缓进攻	直攻
1																						
2																						
3																						
4																						
5																						

(续表)

球洞	球道信息											选杆策略				击球策略			
	长度	杆数	宽度	狗腿洞	出界	水障碍区	沙坑	树障碍	风向	风速	坡度	长草区	下雨	第一杆	第二杆	第三杆	第四杆	目标	避开物	弹道	延缓进攻	直攻
6																						
7																						
8																						
9																						
10																						
11																						
12																						
13																						
14																						
15																						
16																						
17																						
18																						

项目二 心理准备程序与实施步骤

情境

做赛前心理准备。

能力目标

1. 具有做好赛前心理准备的能力。
2. 具有利用心理准备程序完成实施步骤能力。

知识目标

1. 掌握比赛前心理调节基础知识。
2. 掌握心理准备程序及实施步骤。

步骤要求

1. 想象准备程序及实施步骤

（1）所谓球员的想象准备，即球员在击球之前，首先在头脑中联想一个击球路线的主观视觉图像。以一号木杆发球为例，专门设计了如下想象准备程序，以帮助球员提高发球质量。

场景一：我首先看到了球杆在触球一瞬间那一个扎实的击球，我听到了杆头清脆的击球声。

场景二：我看到杆头掠过击球点那道优美的挥杆弧线，我被自己漂亮的挥杆动作所感动。

场景三：我看到了美丽的白色球高高飞起，在空中形成一道"先平飞，后升高"的球爬升弧线，我顿时被这道美丽的弧线所陶醉了。

场景四：我看到了球在理想的落球区弹跳着滚动着，然后我为自己击出的球而欣喜。

（2）画面淡出，紧接着另一幅场景又生动地向我展开，它向我提示如何将想象图画变为现实。

场景一：我看到我像心目中的偶像泰格·伍兹一样站在发球台上，我的准备动作就像我平时模仿他那样，分毫不差。

场景二：我的上杆动作轻柔而缓慢，流畅而优美，一道完美的圆弧从6点钟方向均匀而规则地向12点钟方向流动。

场景三：我看到了我下杆时杆头就像"鞭子"一样被抛了出去，随即我感到了杆头击球后那一股熟悉而亲切的反弹力。

（3）想象的作用

● 上述图像形成了一股强大的积极心理暗示力量，在暗地里帮助球员摆脱发球前的紧张感。

- 上述在头脑中像过电影一样的场景并不是球员的随意空想,他们是球员经过多次看教学片、千百次练习后在头脑中形成的真实形象的概括和总结。这些积极图像的形成不仅对于球员精准的击球表现产生着明显影响,也会对球员动作完善过程起到潜移默化的作用。
- 由于上述图像是一个完整的结构,所以它们有利于球员逐渐改正只注重某一个局部动作(如单一注重握杆姿势,手腕翻转或腰部转动)的不良习惯,帮助球员建立挥杆的整体观。

2. 注意准备程序及实施步骤

(1) 球员的心理图像产生之后,并不代表一定会击出一个和自己想象完全吻合的完美的球。高尔夫更需要的是头脑与身体合为一体,思想与动作的高度吻合,因此,除了想象之外,还需要高度集中注意力。为此,专门设计了球员击球前的注意准备的程序(其他如球道击球注意准备程序、推杆注意准备程序、短切注意准备程序均可以参照以1号木杆发球的程序调整实施):

- 注意观察评估目标,确定落球区。
- 注意观察球道,如仔细了解和观察球道宽度、落球区地形、界外、水障碍区。
- 注意瞄球目标线和实际目标的一致性,如双脚尖连线是否指向实际目标。
- 注意几种心理状态:假如觉察到自己此时的注意力没有完全集中在击球上,就说明存在干扰因素,可以通过试挥杆、重新瞄球等动作来重新调整,或通过积极的心理暗示提示自己集中注意力。
- 注意提示自己不要让杆头在击球前停留时间过长或过短,因为前者容易使人产生杂念从而分散注意力,而后者又会使头脑中所出现的图像歪曲或模糊,因此按照自己平时熟悉的准备时间即可。

(2) 对于外界干扰可能分散注意力的问题,可以采取如下步骤缓解:

站在发球台上,首先观察周围可能会引起自己注意力分散的因素,如有人走动、说话、剪草机的响声等。

- 分析自己是否对上述干扰因素很在意,如果不在意,说明你的注意力相对集中,反之则说明你的注意力已经被这些因素干扰。

- 这时必须停止击球，一方面用手势、言语、准备击球站姿等来提示并终止干扰源产生的持续干扰，另一方面用重新试挥杆、重新瞄准目标等与击球有关的动作将自己调整到能够集中注意力。
- 重复上面（1）（2）步骤，审视自己的注意力是否达到了"全神贯注"的状态。

上述步骤可以反复进行，直到击球准备状态时注意力完全集中为止。

3. 情绪准备程序及实施步骤

（1）情绪准备程序主要是为检验球员在击球准备期间的心态是否平和而设计的。由于情绪紧张、期望值过高、恐惧等心理都能够导致挥杆节奏加快，所以球员在击球准备过程中，检查自己的情绪状态非常重要。以下是为球员专门设计的情绪准备程序（其他如球道击球注意准备程序、推杆注意准备程序、短切注意准备程序均可以参照以1号木杆发球的程序调整实施）。

- 在准备发球之前，首先判断自己的情绪状态，如平和还是焦虑，放松还是紧张，自信还是恐惧，期望值是否过高等。
- 如果存在焦虑、紧张、恐惧或期望值过高，在走上发球台之前，可以通过两种方法调节。

一是心理暗示法：通过自言自语的方式，主要内容是用积极的情绪念头取代消极的情绪念头，如用"我此时心情很平和"暗示自己以取代焦虑念头；用"我只要把球击到球道上就行"取代"不要把球打出界"；用"我尽量放松"取代期望值过高想大力击球的想法等。只要有意识地积极暗示自己，就不会将消极的心理图像转化为内分泌激素增加而导致的肌肉紧张状态，从而为击球创造一个良好的心理环境。

二是深呼吸法：闭上眼睛和嘴，先慢慢通过鼻吸气，越慢越好，感觉气流一丝一丝地从鼻孔流入肺部。此时慢慢收紧腹部肌肉，将胸腔尽量扩大，直到肺部充盈为止；然后张开嘴，通过口腔慢慢呼气，越慢越好，此时慢慢放松腹部肌肉，将胸腔的空气尽量排空，感觉到胸腔的收缩。重复2~3遍会感到心情顿时平和了许多。此种方法对球员临场准备发球焦虑十分有效。以上两种调节方法可以单独实施，也可以先后做。一般来讲，先进行心理暗示，后实施深呼吸法效果更好。

● 通过以上的调节，再评定自己此时的情绪状态，如果感觉到心情有所改善了，就可以从容地走向发球台击球了；如果还不能平静下来，可再做一遍，直到把情绪调节到最佳击球状态为止。

相关知识

个人比赛计划制定步骤

第一步　休息（睡眠）
第二步　饮食
第三步　检查装备
第四步　伸展活动
第五步　心理准备
第六步　热身

项目三　研读果岭准备程序与实施步骤

情境

在比赛中研读果岭。

能力目标

1. 具有能够正确研读果岭的能力。
2. 具有协助球员制定果岭推击策略的能力。

知识目标

1. 掌握研读果岭准备程序的方法。
2. 掌握研读果岭步骤及实施步骤。

步骤要求

研读果岭准备程序是指球员在比赛前对每一个果岭的球洞位置、地形、速度、湿度、草纹进行考察了解，并做详细的记录。

研读果岭策略正确与否决定着推击能否成功。要降低推击杆数，提高推击技术是一个重要因素，但仅仅依靠推击技术是不够的，还必须有正确的果岭策略与之相配合，才能达到降低推击杆数的目的。其中果岭研读策略就是一个非常重要的因素。而果岭研读准备程序就是为更好地实施果岭研读策略服务的。

实施过程包括三个步骤：

第一个步骤是全面了解果岭。包括：了解该球场的果岭草型（草纹影响）、速度指数（快慢指标、随天气的变化情况、不同果岭速度的一致性）、软硬度（能不能停球）、坡度（复杂还是简单）、周围障碍物分布（沙坑深度、沙坑软硬度、长草情况）等。在比赛前获得这类信息非常重要。可以通过两个方法获得初步信息：

一是下场前先到练习果岭上练习推杆 10~20 分钟，分别按平地推杆、上坡推杆、下坡推杆、侧坡推杆、长推杆、短推杆的顺序分别练习推击 5~10 次，以获得初步的果岭感觉信息。

二是通过咨询有经验的球童或长期在此球场打球者了解果岭及周围障碍物的情况。

上述步骤及方法有助于掌握果岭的总体特点，为制定果岭策略提供依据。

第二个步骤是下场实战。下场实战不仅需要获得球场球道的真实信息，也是对每一个果岭的具体情况熟悉的过程。在比赛过程中，应有意识地寻找切击和推击的感觉，为了获得牢固的印象，最好在每个果岭上从不同角度多切击和推击几次。这一步骤有助于细化第一步骤获得的信息。例如，可以根据每一个果岭的坡度、障碍物特点制定初步的选杆策略和击球策略。

第三个步骤是做详细记录。把所获得的信息做详细记录，以备比赛使用。详细记录果岭信息非常重要，举个例子来说明其重要性：假如比赛球场的第 3 洞是一个 4 杆洞，有一个双层果岭。昨天的球洞位置在第二层果岭上，你也许会选用大一号的铁杆将球击到果岭后部的双层果岭上；而今天的球洞位置插在两层果岭的结合部位，如果再选用大一号铁杆将球击到果岭后部的双层果岭上，那么球不仅距离球洞很远，而且将面临一个很大的下坡推击球，球很可能无法停留在球洞附近。如果你做了详细的记录，就会根据球洞的位置变化及时调整选杆策略和击球策略。倘若你没有做详细的记录，忘记了果岭的地形，此时又是远距离进攻果岭并且不可能跑上果岭查看地形，你将很难制定出正确的选杆策略和击球策略，只能击出一个没有把握的球。因此和球道细化策略一样，研读果岭策略是在比赛前必须认真完成的功课。

项目四　记录果岭情况的方法

情境

在比赛前记录研读的果岭。

能力目标

1. 具有在比赛前记录果岭信息的能力。
2. 具有利用记录的果岭信息提高推杆成绩能力。

知识目标

1. 掌握记录果岭信息的方法。
2. 掌握记录果岭信息的步骤。

步骤要求

1. 果岭信息

（1）面积：是指果岭面积大小的程度，凡是经常在不同球场打球者都能大致判断出果岭面积的大小。当果岭面积比较大时对击球偏差的容错度较大，在条件允许的情况下可以直攻果岭。而果岭面积很小，则对击球准确性要求很高，同时对在果岭上停球技术有很高的要求。此时，是远距离直攻果岭还是先将球击到果岭边，再用劈起杆将球切到球洞附近；在果岭外近距离切击时，是打切滚球，还是打高抛球。决定此洞成败的关键是选择的击球策略是否正确。

（2）速度：指果岭速度。通过果岭测速仪测试后得到的球场测量果岭速度的数据，对此数据的了解能够准确地掌握果岭速度的信息，是推击上杆幅度和推击力度的重要参考数据。

（3）层数：果岭有单层果岭、双层果岭和多层果岭。国内以单层和双层果岭居多，也能见到三层果岭。在面对不同层数的果岭击球时，采取的切击和推击策略往往也会迥然不同。

（4）坡度：是指果岭上的坡度大小和斜坡位置。由于坡度的大小与切击的落点和推击的线路预测关系密切，可以将果岭分为前、后、左、右四个象限，根据不同象限记录他们的坡度，用以比赛时参考。

（5）球洞位置：是指当日的旗杆位置。因为球洞每天都变化位置。球洞位置的不同是导致果岭难度差异的最大因素，可以大幅度地改变球员的击球杆数，因此是最重要的变量之一。例如，前一天球洞位置位于果岭后方，球员远距离直攻果岭，由于考虑到果岭前方的落球区较大，就敢于直攻旗杆；如果第二天球洞位于果岭前右侧，前面有沙坑保护，侧面有水障碍区，球员则必须改变昨天的进攻果岭策略，先将球击到果岭上的安全位置，再考虑推击入洞。一般来说，球员很少能够知道第二天球洞变化的具体位置，因此，此项记录可以临场进行。当把此信息和其他信息结合在一起考虑时，就会发现它的确对你选杆策略和击球策略大有帮助。

（6）障碍区位置：是指果岭周围障碍区的具体位置。例如，在果岭左前有一个沙坑，右侧有一个沙坑，后面是水障碍区等等。球员要取得好成绩，就要最大限度地避免将球打入障碍区，所以充分了解障碍区的位置十分必要。

（7）果岭地面：是指根据当天的天气情况和练习推击的判断，对果岭进行更详细的记录。果岭地面的软硬状况与远距离进攻果岭和果岭外切击的关系最大，是判断落点距离的直接依据。如果这两天气候干燥，风力较大，果岭地面将会变得很硬，切上果岭的球将很难停止，如果想让切出的球接近球洞，就必须认真考虑球的停点距离，也就是说必须将球的滚动距离考虑在内。也许仅仅将球切上果岭环就足够使它滚到洞边了，但如果你没有考虑到上述因素，在瞄准旗杆前面几码处切击，那么球可能滚过球洞许多，甚至滚出果岭。反之，如果天气湿润或刚刚下过雨，果岭地面会较软，切击上果岭的球会很快停下来，如果没有考虑到地面情况，切击出的球很可能由于滚动距离不够而到不了球洞。

由于果岭地面的软硬程度是影响果岭速度的最直接因素之一，所以对此做详细的记录也有助于在果岭上采取正确的推击策略。

(8) 草纹：是指果岭上草的两方面信息。一方面是指果岭草的长短信息，草越短，果岭速度越快；另一方面指草纹的走向，顺着草纹走向推击，由于草的阻力较小，球速会快一些，逆草纹推击球的阻力增大球速较慢。如果遇到侧向草纹，还要考虑到在推击路线上略做调整，否则在短距离推击中球会滑洞而过，长距离推击中方向会有所偏离。尽管草纹对推击效果不像其他因素那么显著，但也绝不能够被忽视。

2. 切击策略

(1) 切击策略中的近、中、远：是指距离球洞的切击距离，也就是切击落点距离球洞的远近程度。

(2) 高抛球策略：指是否需要使用高抛球技术。

根据前面对果岭信息的记录情况，可以作出相应的选择策略。例如：根据对球洞位置、坡度和地面情况作出决定，是要将球切到球洞附近，还是要将球切击到离球洞远一些的地方，利用球的滚动接近球洞。再如：根据障碍物情况选择高抛球策略或者选择打切滚球等。

3. 推击策略

(1) 推击球是否能成功入洞，推击力度和推击线路是两个最关键的因素，因为这两个关键因素都涉及到对果岭信息的掌握情况。例如：直接影响推击力度的因素有果岭速度、果岭地面状况和坡度的大小起伏状况等；直接影响推击线路的因素有坡度、草纹等。其他因素也或多或少地对推击力度和推击线路构成一定的影响。因此，只有在仔细研读果岭的基础上，才能保证推击的成功率。

（2）很多球员也意识到研读果岭的重要性，但苦于没有一套有效的办法，所以在研读果岭时，总感觉做得不细、不透，不是漏掉了这一点就是那一点，只能靠感觉推击，无法做到有备无患。球员可以根据果岭情况记录表（表3-5）完善自己的果岭研读准备程序。

表 3-5 果岭情况记录表　　　球场：　　　　日期：

实地调查	面积	速度	层数	坡度				球洞位置				障碍位置					果岭地面			草纹	切击落点			高抛球	力度	线路
				前	后	左	右	前	后	左	右	前	后	左	右	中	软	中	硬		近	中	远			
1																										
2																										
3																										
4																										
5																										
6																										
7																										
8																										
9																										
10																										
11																										
12																										
13																										
14																										
15																										
16																										
17																										
18																										

模块三 完善自己的比赛

实训目的

通过本模块的学习实训，使学员掌握比赛中调节技术、战术策略的方法，充分发挥学员技术、战术特点和个人心理优势，取得优异成绩。

实训方法

通过分析法、练习法、实战训练和比赛等方式进行纠正错误动作训练。

实训项目

项目一　球道击球偏左的调整方法

情境

在比赛中球道击球球偏左飞行。

能力目标

1. 具有快速分析出球道击球偏左原因的能力。
2. 具有快速纠正球道击球偏左错误的能力。

知识目标

1. 了解球道击球偏左的原因。

2. 掌握球道击球偏左的击球原理。

步骤要求

1. 检查身体瞄准方向

当打出去的球偏离目标时，要及时分析球偏离方向的原因。

检查步骤

（1）检查瞄球方向：双脚、双膝、臀部和双肩必须平行于目标线。

（2）瞄准的平面：在比赛精力不集中的情况下，常见的错误是击球时瞄球方向与站位方向不平行。

解决办法

将一支球杆放在双脚脚前的地面上，然后沿着膝盖、臀部和双肩再放一支球杆，了解在什么位置能正确的瞄准。这个瞄准办法适用于击球偏向球道左侧和右侧。

要点提示

瞄准是关键，身体扭转过度而导致无法瞄准。当打短距离劈起球时，要把球放到距离自己的站位较近的位置，需要把双脚转向左侧。

瞄准技巧

把球杆放在平行于目标线的位置，双脚沿着球杆的位置站好。检查球杆杆面是否对准目标。这种方法也可以在球场上使用，但必须在击球之前把球杆拿起来，否则就是违反高尔夫球规则。

有的职业球员会选择合适的球杆并做挥杆练习。在开始比赛之前，都会进行最后的瞄准检查等。

2. 正确的挥杆平面

挥杆平面是指球杆在上杆、下杆、击球、送杆、收杆的整个过程中的运动轨迹。当球杆上杆到顶点时指向的是目标偏左的方向，那么这就是由外向内的挥杆轨迹，结果是球会飞向目标偏左的位置。

由外向内挥杆：由外向内的挥杆方式将失去对球和击球距离的控制。

（1）由外向内的挥杆，杆面方正击球，会产生左直球。

（2）由外向内的挥杆，杆面开放击球，会产生右曲球。

（3）由外向内的挥杆，杆面关闭击球，会产生左曲球。

球杆挥杆向上到定点的正确位置，是球杆和双脚、双膝、臀部和双肩在同一平面，同时瞄准向目标线。

要点提示

（1）左曲球——杆面轻微关闭。在开球时瞄准目标线右侧时常见的击球形式。

（2）拉式左曲球——由外向内挥杆，并伴随击球时杆面关闭，从而导致球飞向左侧。

（3）推式左曲球——球开始飞向右侧，挥杆动作由内向外并伴随杆面的关闭，也可能是击球时站位过于靠后。

（4）左直球——直接将球击向左侧，杆面方正，可能在挥杆的过程中击球时机过晚。

可以使用手机或摄像机等电子设备拍摄录像，当上杆到顶点时停住，检查球杆指向正确的方向。

3. 击球瞬间杆面方向

球在飞行初始方向对准目标，在飞行过程中偏向左侧，这是错误的瞄准或挥杆平面造成的。原因是出现在杆面的方向，而不是挥杆的动作。

杆面控制：只有双手才能控制球杆的杆面，所以为了让球向左侧旋转，杆面在击球时必须"关闭"。

主要原因

（1）击球准备时握杆太用力。意味着在拇指和食指之间形成了两个"V"的位置太偏向下颌的右侧。

（2）在挥杆的某一时刻，双手靠近球杆。在上杆的过程中，双手没有足够的翻腕，球杆杆面就会处在关闭。在下杆的过程中，手腕动作是不屈腕挥杆，而且动作太快，从而引起杆面关闭。

击球偏左：由于握杆过于用力或者是杆面关闭，导致球从右向左旋转，使球在落地时偏向目标左侧。

强势握杆：采用强势握杆会使击球时关闭杆面，其结果是打出左曲球或低飞球。必须注意有些职业球员比赛时因为比赛战术策略的需要，故意用强力握杆来打出左曲球。

关闭杆面：如上杆过程中关闭杆面，球杆会以某个角度击打到球，造成球的左侧旋转。

要点提示

击球杆面和击球点是决定球飞行方向的重要因素。如果击球方法正确，球会直线飞行。并落到一个最佳落球点。

> 问问自己如果在击球之前总是想着打球的策略，在能力内打球，从不发脾气，永远不看低自己，那么你将会节省多少杆。
>
> ——杰克·尼克劳斯

相关知识

项目二 球道击球偏右的调整方法

情境

在比赛中球道击球后，球偏右飞行并落在了目标的右侧。

能力目标

1. 具有快速分析出球道击球偏右原因的能力。
2. 具有快速纠正球道击球偏右错误的能力。

知识目标

1. 了解球道击球偏右的原因。
2. 掌握球道击球偏右的击球原理。

步骤要求

1. 要与目标在一条线上

瞄准和目标：调整击球姿势来瞄准目标，这是击球偏向左侧或右侧的主要因素。能够瞄准只解决了一半的问题。也许能保证每个身体部位都指向同一个方向，可能觉得做了一次完美的击球，结果却偏离目标很远。问题可能出在瞄准上。

瞄准错误是一个简单的失误，却要付出严重失误的代价。但是仍然要花点时间来检查一下瞄准方法，想象从脚趾开始画出的那条线是否平行于目标线。

检查目标：要记住，旗杆不适合作为瞄准的目标。击球前进行瞄准时，要考虑以下问题。

（1）避开障碍区：越过障碍区或者从旁边绕过去。

（2）精确计算距离：精确计算球落地后滚动的距离。

（3）球道或果岭的形状：球是否会改变方向飞向或滚向与目标相反的方向。

（4）请人帮助观察：请人在旁边观察你的开球动作非常重要。准备动作不规范会让你在比赛时多打出几杆，而这些错误动作最容易纠正。

2. 要检查挥杆是否由内向外

击球偏向球道右侧和偏左同样是由挥杆平面不正确导致了击球失误。击球偏向球道右侧的原因是由内向外挥杆路径造成的。

3. 确定是球杆杆面还是挥杆动作

可能是球杆杆面的问题也可能是挥杆的问题。在挥杆过程中主要检查在球杆碰到球之前手腕的高度，如果球杆杆面指向目标右侧，这就正好是由内向外的挥杆路径。

这样会把球打到右边，即使球杆的指向是平行于目标线，或者偏向目标左侧，只要杆面开放到能产生侧旋，球还会停在目标右侧。

4. 全身动作协调统一

在挥杆过程中重要的是要感觉上半身（双肩和双臂）和下半身（双腿和臀部）动作协调统一。引起击球偏右的一个常见原因是开始开球时双腿和臀部动作过快，几乎把球杆丢在后面，结果是球员没有足够的时间和空间来扭转球杆让杆面方正击球。

击球偏右的种类有：

（1）小右曲球——出球时是直线飞行然后稍稍偏向右侧，主要原因是击球时杆面开放。

（2）推式右曲球——由从内向外的挥杆造成，开放的杆面会让球偏得更远。

（3）拉式右曲球——由外向内的挥杆导致球的初始方向是偏左的，但是由于球杆杆面对于挥杆动作来说是开放的，所以球的飞行方向会完全相反。

（4）右曲球——由内向外的挥杆，以及方正的杆面会击打出直线球，但是球的飞行方向是向右侧。

用手机、摄像机等电子设备拍下击球动作，是检查挥杆平面最好的方法。

在练习挥杆动作时，在上杆的过程中向后看。这样不仅能检查挥杆路径，而且会让你想起希望的击球路线。要让杆面方正，而且挥杆平面要正确。

由内向外的挥杆路径：这种挥杆会导致在球道上击球偏右或者偏左，主要是由击球时杆面方向所决定。对于由内向外或者由外向内的挥杆路径来说，主要的问题是球员留意到了可能产生的后果，然后用更错误的动作来弥补。

5. 是弱势握杆还是错误的手腕角度

如果握杆方法是弱势握杆，就很有可能在击球时偏离球道向右侧。弱势握杆是在拇指和食指之间所形成的"V"字形就会偏向下巴的左侧。首先，要检查一下是弱势握杆。

另一种方法是：如果球仍然偏向右侧，要检查一下在下杆击球的过程中左手手腕的角度。如果手腕的屈腕动作保持的时间过长，将会导致杆面开放而产生由左至右的旋转。

另一个常见问题可能是手腕在上杆过程中扭转太多。这会在上杆过程中产生开放的杆面，一旦杆面开放过大，就很难让它恢复方正了。

时刻牢记：这里提到的握杆方法就是瓦登式握杆法，是用美国选手哈里·瓦登的名字来命名的。它的特点是右手小指缠握住左手的食指。棒球式握杆法是双手紧握在一起而不用缠绕。

适度弱势或强势握杆的方法。适度握杆对于大多数击球来说都是最理想的握杆方法，当然，在击打小右曲球（弱势握杆）和左曲球（强势握杆）时也可以谨慎选择弱势握杆和强势握杆。

在上杆过程中杆面向上开放的动作，通常会导致球杆与球的不正确碰撞，其结果是：球落到球道或果岭的右侧。开放的杆面在击球时会造成球从左向右的旋转，如果旋转过度，可能就会造成失误球，击出的球大角度地偏向右侧。

要避免上杆时单纯使用双手向上拉杆。上杆应该是双手、双肩和双臂的协调动作。

我练得越多　　我运气越好

——本·霍根

相关知识

项目三　三杆上果岭策略

情境

比赛中在一个四杆洞，果岭后面有灌木丛或水障碍区，会让球员产生畏惧，此时正确的决定和完美的击球同样重要。

能力目标

1. 具有结合球员技术水平选择三杆上果岭策略的能力。
2. 具有运用球洞难度等因素合理运用进攻果岭策略的能力。

知识目标

1. 掌握选择三杆上果岭策略的方法。
2. 掌握评估障碍难度和决定击球角度的方法。

步骤要求

1. 选择正确的球杆

实战中不可能每次都能三杆上果岭，三杆上果岭失误的主要原因是球杆选择失误。为了确保选择的正确，需要知道击球距离。例如：如果能用一只7号铁杆正确地击球，那么球的飞行距离应该是150码，如果击球失误，就只有130码。那么选择的依据就是这两者的平均数，所以可以用7号铁杆，其击打出的距离大约是140码。

为了让这个数字更精确，可以到练习场地去练习用某一支球杆击球，然后来测量一下平均距离。这样很快就能计算出你使用每一支球杆时的击球距离。应该用一段时间对球包里的每一支球杆都做同样的练习，这样在比赛中选择球杆时就能做到胸有成竹了。

2. 评估障碍

例如：如果所有的障碍都设置在前几洞，那么更明智的选择是使用那个即使你击球不理想，但也能让球越过障碍的球杆。检查一下该球洞的障碍及距离。最好的情况是障碍区都在果岭后侧或在地面上而不是距离很近的深沟里。反过来也一样，如果果岭后有障碍区，那么就要选择一支打不了那么远的球杆。

最重要的是正确地选择球杆并自信地击球。

在三杆洞开球时，不要只关心码数。要看到障碍区的位置，而且要选择一支能够避开障碍区的球杆。在每个球洞都承受不起额外的击球失误，特别是在三杆洞。

3. 击球角度

很多球员会从发球区中心的位置开球，这不一定是最佳选择，特别是在三杆洞，要考虑击球角度。例如：在发球区右边开球，球就会偏离球洞和果岭右侧的地方。如果球场障碍区设置在果岭右边，这将是一个明智的选择。

如果旗杆位置在果岭左边，在右侧开球就会打到旗杆的位置。

如果旗杆或者障碍区在果岭的另一端，情况就会完全相反。

打三杆洞时决定击球角度的考虑因素有：

果岭是龟背形状还是纵向或横向。

打沙坑球水平以及是否是强项。

果岭环形状，果岭速度、硬度。

果岭是上坡还是下坡以及起伏大小，坡度走向。

比杆赛还是比洞赛以及对手是否击球。

是否必须平标准杆，bogey（比标准杆多一杆）有多大影响。

风向、风速大小，能否打出倒旋球。

最擅长的击球方式，能打出的球路。

是攻果岭的一杆，还是在两杆之间。

不要忘了可以把球放在靠近发球区边线的位置，可以站在发球区外击球。也能把球放在发球区标志以后的位置。这两三米的距离可以让自己在选择球杆的时候更从容，可在击球时做到全力挥杆。

最后，要确定的是发球区域和标志线是否都瞄准果岭了。有时没有瞄准，就会把球员误导到错误的方向。另外，不要每次都瞄准旗杆，只有当旗杆在视线范围之内时才可以去瞄准它。

4. 谨慎行事

要分清楚"安全上果岭"和"标准杆上果岭"的区别。不是所有人都需要标准杆上果岭，也不是所有球洞都可以标准杆上果岭。但还是有很多业余学员不顾自己的实际水平，每个洞都盯着旗杆强攻，结果导致技术动作变形，甚至影响到之后的补救。最后打爆这个洞，结束时后悔不已。

其实 100 杆以上的学员并不需要标准杆上果岭，他们的平均水平是+2，所以把目标定在三杆洞三上，四杆洞四上，五杆洞五上才是合理的选择。90 杆左右的学员应该以+1 为目标，三杆洞两上，四杆洞三上，五杆洞四上。90 杆以下的学员才可以考虑标准杆攻果岭。

5. 进攻策略

球场上每个球洞都有难度系数，其中难度系数 1 至 6 的球洞是最难的。遇到这种球洞，不建议学员直攻，能标准杆攻上最好，不能攻上就尽量给留下个好位置去切击；难度系数 7 至 12 的球洞需要小心对待，最好对着果岭中央进攻，先保证攻上果岭；难度系数在 13 至 18 的球洞相对比较安全，有机会可以瞄准旗杆进攻。

此外，旗杆的位置也决定了进攻的方式。当旗杆在困难的位置时最好不要瞄准旗杆直攻，例如旗杆在沙坑后方、靠近水边等。遇到这种情况，尽量攻上果岭中央，甚至可以对着果岭外的安全位置延缓进攻一杆，以便于用切击再攻上果岭。

相关知识

两只手套

国内某著名球员刚出道时去国外参加比赛，只准备了两只手套，遇上雨天打球，只好戴着湿手套继续比赛，手上的球感当然不好了。当他看到同组比赛的国外球员都准备一打以上的手套时，深感自己比赛经验不足，以致在低温天气中惨遭败绩。所以要未雨绸缪，防患于未然地做好心理和物质准备。

项目四 从球道击球上果岭

情境

在一个五杆洞的比赛中，球员从球道击球上果岭，果岭周围有障碍区和树丛，此时正确的决定和完美的击球最重要。

能力目标

1. 具有比赛中综合各种因素合理运用战术进攻果岭的能力。
2. 具有结合临场球位状况、挥杆平面等因素进行击球的能力。

知识目标

1. 掌握评估球道各种特殊球位的方法。
2. 掌握结合自身能力临场合理决策的方法。

步骤要求

1.检查是否太冒险

（1）有难度的课程

无论是从粗草区、球道，还是从发球区（三杆洞）击球上果岭，其中一个常见的错误就是过于冒险。以隐形在山坡上的旗杆或果岭中心作为目标，都可能是非常冒险的行为。事实证明：直接以旗杆为目标会导致更多失败的击球，而不能做到一杆进洞。高水平职业球员也只是在收起旗杆之后才以果岭中心为瞄准目标。

如果果岭左侧有障碍区，加上右侧的沙坑，在攻果岭时没有太多的选择余地。而雨天也会使果岭变得非常柔软且容易停球，所以可以把球打向旗杆的方向。

（2）在能力范围以内击球

关键是要在自己的能力以内击球。如果是右手球员，可以打出各种球路，那么当旗杆在果岭的左侧时，应该照常把球打到安全的地方。相反，如果旗杆的位置是在果岭的右侧，这会更适合用肉眼来观察，因为能瞄准果岭的中间，此时可以选择用一个从左至右的小右曲来把球打到更靠近旗杆的地方。

不要忘记分辨目标区域。不要分心只要瞄准旗杆。

（3）保持低头姿势

击球上果岭，球员往往想抬起头看情况。但此时一定要保持低头向下，眼睛能看到球的后方，保持这个姿势直到能看到击球后的地面或者球位下面的草皮。

2. 检查球位

球的位置在球员每次击球中都起着很大的作用，而在使用铁杆击球时，作用就更大了。球的位置决定球员的站姿和所使用球杆。如果使用长铁杆，球通常会放在双脚的前方；而使用短铁杆时，要把球放在偏后的位置。理解这一点会让人在比赛时更加精神集中。球杆长度和挥杆平面的对应关系，球杆杆面的倾斜度越大，球杆的长度就越短，而且球杆长度越短，要以正确的姿势击球时身体向前弯曲的幅度就要越大。弯身幅度越大，击球的速度也会变得越快；而挥杆越快，向后上杆的幅度就要越大，这样才能准确地击球，而且能够完成某个特定的球杆所要求击打出的旋转。较短的球杆就意味着更大的杆面斜度，更大的杆面斜度就意味着更多的旋转，旋转多了就需要更多的控制。当然，对于长铁杆也是如此。

（1）检查球位

如果在球道上打出了失误球，就要用一些时间来检查一下自己的球位。要记住，如果球位不是在水平地面上，球的位置可能会改变。

劈起杆站姿。击球需要让身体处于一个更向前弯曲的姿势来弥补球杆长度的缩短。球要放在中心稍偏后的位置。

要专心练习某一个击球技巧很容易，比如球杆的选择、瞄准、目标区域，但是不要忘记其他的方面。球位的问题可以忽略，但是要形成习惯，就是在每次击球之前都检查一下球位。

很多教练都会用 7 号铁杆开始教新手学习打球。这是个能让你学会如何挥杆以及怎样纠正挥杆动作的最佳位置。

（2）开球站姿

尽管这是球道上的击球，但是提醒自己将在使用开球杆时的姿势和使用中长铁杆和短铁杆时的击球来做对比，这是个好方法。使用更长的球杆时，球的位置要放得靠前一些，而且最理想的位置是对准左脚内侧。

项目五　从 150 码以上进攻果岭

情境

在比赛中，在一个五杆洞来打第二次击球，球员从球道上距离果岭 150 码以上的位置进攻果岭，果岭周围有障碍区和树丛，球员选择的是球道木杆来完成两杆击球上果岭。

能力目标

1. 具有建立固定的击球顺序的能力。
2. 具有进行 150 码以上距离进攻果岭的能力。

知识目标

1. 掌握建立固定的击球例行程序的方法。
2. 掌握从 150 码以上进攻果岭的方法。

步骤要求

1. 挥杆动作和球的位置

击打较远距离的球，要选择杆面角度更小、杆身更长的球杆。球的位置要放在距离双脚更远的位置,这样击球时的角度更小,在击球时不会产生大的旋转,能把球打得更远。在这种情况下,没有选择合适的球位会让你付出巨大的代价。

(1) 严重失误

如果球在身体前很远的位置,击球时球杆可能会先打到地面而产生厚击球。可能更常见的是：在刚开始送杆时就打到了球,而且还是球的上半部分。球位太靠后可能产生薄击球,就是球杆的底沿打到了球的后面。这将造成严重失误。

球员通常能通过自己将身体向前或向后倾斜来纠正这个错误。这样做会有短期的效果,但是从长远看就会形成错误的挥杆平面,而且很可能会以损失距离和失去准确度为代价。

(2) 扫球动作

对于长铁杆击球来说,更要强调扫球的动作,而不是向下击球的动作。这是因为球杆的长度越长,身体就要站得更直、"更高",才能让挥杆的整个动作都在一个平面上,不像球杆在向下击球时角度那么小。这样会打出一个非常完美的长铁杆击球。

必须保证自己对练习挥杆感到百分之百满意,在开始正式的击球之前,球杆能刷过或者扫过球道草地。

(3) 避免站姿太高

站姿太高是在球道上击球时的常见问题之一。球员的站姿太高,可能是因为站得太靠近球位,而且上杆平面也太平。这样很可能球杆会打在球的上方,而且挥杆会受到限制。

2. 建立一套固定的击球程序

当打了一个好球时,比赛似乎就变得非常简单了。自己非常自信,击中了目标,取得了好成绩。

(1) 回到基本动作

最好是拥有一套基本的挥杆顺序,一种可以从头开始回到最初击球动作的顺序,目的是为了能完成一次完美的击球。这种方式要完全信任自己的技术,而且要选择保守的击球策略,但是这就很有可能意味着要违背之前制定的策略，并且要对即将完成的击球非常有信心。

(2) 建立可以重复的例行程序

对于精神和身体肌肉的紧张，有一种解决办法，就是设计一种可以重复的例行程序。包括：

- 站位到球位后时，要想象击球的过程。
- 瞄准，把球杆放在球后，朝向假想目标方向。
- 检查握杆动作、准备动作和瞄准动作。
- 释放压力，比如用甩手动作来放松手臂避免握杆过紧。

不同人的例行动作程序会有差异，但是始终保持如一既是成功的关键，也是最终目标。

失误的击球中，几乎90%都可以把原因追溯到准备动作上。在考虑是否改变自己的挥杆动作之前，首先要检查的就是准备动作。

(3) 完美的开球

了解哪种情况下打开球杆的感觉最好，以及身体和球杆在什么时候各就各位。在大脑中先把挥杆动作分解可能会有所帮助，但是完成挥杆的时候一定要一气呵成，稳定的上杆到达上杆顶点的小停顿和加速下杆击球，直至送杆、收杆的每个程序缺一不可。

项目六　从150码以内击球上果岭

情境

在比赛中，在一个四杆洞来打第二次击球，球员从球道上距离果岭150码以内的位置进攻果岭，果岭周围有障碍区和树丛，球员选择的是用球道木杆来完成两杆击球上果岭。

能力目标

1. 具有建立固定击球顺序的能力。
2. 具有进行150码以内距离进攻果岭的能力。

知识目标

1. 掌握建立固定击球例行程序的方法。
2. 掌握从 150 码以内进攻果岭的方法。

步骤要求

1. 短铁杆击球

要打出 150 码以内的球应使用短一点的铁杆：7、8、9 号铁杆和劈起杆。这些球杆都被称之为"得分球杆"。之所以有这个称谓，是因为在用这些球杆击球时能让球产生更大的旋转，更好控制，而且准确率也会提高。

使用短铁杆时会打出倒旋很强的球，这是由杆面角度决定的，因此击球的角度需要更陡立一些。

（1）短铁杆打劈起球时的三个关键问题

- 击球角度更小。
- 球位偏后一些。
- 击球的顺序是先打到球再碰到草皮。

（2）注意事项

记住每一支铁杆能打出的距离，即从击球点到球落地的位置的距离，此外还需要额外加上球落地后滚动的距离，如果你打球时施加的是倒旋则需要减掉这个距离。在打球时可以从自己的习惯距离开始，然后再根据不同的情况改变调整，比如说根据天气或者地形的变化增减。

在检查过自己瞄准姿势之后，不要忘记把球放在站位偏后的位置。这样可以保证击球时先打到球再碰到草皮。使用短铁杆时，被杆头削去的草皮面积更大、更深。在下杆时，击球角度应该更陡立一些，但是必须完成送杆部分的全部动作。你仍然在挥杆，而不是猛力地打球。球杆打起的草皮是打出一杆好球的标志，但是打起草皮不是目的。

使用短铁杆时，要找到这种感觉，就是真正在球杆向下挥动时打到了球的后面。在做近距离击球时，球杆所打起的草皮显示击球深度。同时注意头部不要向上看，不要抬头。

2. 处理困难球位

困难的球位并不是只会发生在 150 码以内击球上果岭的情况下，但是这却是一个回顾一下基本功的好地方，可以帮自己纠正可能犯的错误。

（1）球低脚高球位

如果球的位置低于双脚的位置，身体应该要更向前弯曲，这样会自然做出一个角度更陡立的挥杆，打出角度更陡立的击球。球的飞行会产生三种效果：

- 球可能会飞得更高。
- 可能会产生更大倒旋。
- 球很可能会向右侧旋转（陡立挥杆会产生更多由外至内的挥杆路径）。

要知道这些因素而且以此为依据调整击球准备动作。

（2）球高脚低球位

当球位高于脚位的时候，由于是上坡球位挥杆角度变得更扁平，而且会产生更多的由内至外的挥杆路径，而且球会左曲偏离球道正中飞向左侧（对右手球员而言）。而且由于击球角度更平浅，球会飞得更低。

（3）打山坡上的球

山坡的坡度越大，在打球时需要做出的调整就越多，但总的来说，要努力让脊椎垂直于山坡。不要因为过于专注于处理山坡的问题而忘记其他的技巧。

（4）在山坡上打球

在山坡上打球时留出山坡的坡度，同时保证顺利的击球，包括瞄准目标的送杆动作，将注意力放在球上。当球位低于脚位时，有打出剃头球的可能。

击球中，球位高于脚位，就有可能打出左曲球。在这种情况下，需要小心，不能打出厚击球。在正式击球之前，最好在相似的山坡上多练习几次。

(5) 时刻牢记

下坡会减少杆面角度的作用。例如：下坡时用一支 7 号铁杆来打球就像是用一支 5 号球杆在打球，杆面角度小了，球速快了。成功的下坡球位击球最有可能打出远距离。

(6) 上坡球位
- 双肩后倾，脊背垂直于坡面。
- 双脚站稳，避免因为失去平衡而向后倾倒。
- 要选择比正常情况下大一两号的球杆。
- 球的位置要在站位偏前的位置。

(7) 下坡球位
- 双肩前倾，脊背垂直于山坡表面。
- 双脚站稳，避免因为失去平衡而导致身体前倾。
- 要选择比正常情况下小一两号的球杆。
- 球的位置要在站位偏后的位置。

项目七　球场策略

情境

在一场三轮的比杆赛中，从打球战术角度对高尔夫球场进行研究，并将研究的结果用于指导在球场上的比赛。它是在球场上决定以什么方式打好每一个洞的基础，其内容还包括打球时的各种条件。

能力目标

1. 具有在比赛中对于不同击球形式的处理能力。
2. 具有从战术角度对球场进行分析判断的能力。

知识目标

1. 掌握组成打球时各种条件的主要内容。

2. 掌握球场策略和个人战术打法协调配合的方法。

步骤要求

1. 影响打球策略的主要内容

（1）风向和风速
（2）雨水情况
（3）果岭
①洞杯位置
②果岭速度
③坚硬或松软
④草（草的种类、修剪高度）
⑤障碍区（水障碍区、沙坑）
⑥果岭形状和进攻难易程度
（4）球道
①松软（浇过水）还是坚硬
②草（长度、草的品种）
③障碍区（水障碍区、沙坑）
④球道宽度
⑤界桩位置
⑥要击球的距离
⑦打球技巧，就是对于不同击球形式的处理能力
⑧落球区域的情况

2. 因素分析

（1）全面考虑：为了能够在比赛中最大限度发挥出水平，必须对所有上述因素进行考虑。每一个因素都能使每一个球洞的打法发生变化。

（2）重视风：最容易带来麻烦的可能就是风。风在球场上无所不在，不像湖泊、小溪和界桩那样只是对个别球洞构成影响。每一个球洞和每一次击球都会受到风的影响，能取得标准杆，还是抓到"小鸟"全要看风的脸色。在打球时，风是需要考虑的重要因素。

（3）不同风向：不同的风向对不同的球员产生的影响也不同。常击出右曲球的右手球员最怕从左到右的风；而球路容易左曲的球员最怕从右到左的风；击球弹道比较高的球员则最害怕进行顶风击球。

（4）风干果岭：风还容易使果岭表面干燥，从而令倒旋球无用武之地，此时，就需要用一种特殊的打法来把球攻上果岭。

单元小结

本单元重点介绍了研读果岭准备程序与实施步骤，攻果岭策略，球场策略，球道击球偏左、偏右的调整方法，调节心理紧张的方法，完善比赛的步骤方法，发挥个人优势的步骤和方法。通过训练能够提升技术战术水平，提升比赛综合技战术能力，掌握高尔夫技战术及实战心理训练的方法，能够充分发挥个人技术战术优势，取得优异成绩。

附 录

附录一　挥杆要点提示

1. 球员应自己决定握杆力度的大小

- 握杆的力度与球杆的长度和挥速成正比。
- 正确的握杆力度来自于本能的感觉而非有意识的计算。

2. 上面手的后三个手指握杆较紧，而下面手的手指握杆较松

- 各个部位握杆的力度一定要均衡，从上面手的小指到下面手的拇指和食指都应该用一样的力度握杆。
- 在挥杆过程中，握杆的力度要根据球杆的挥速进行变化。
- 球杆挥速越快，上面手的三根手指对球杆的握力就越大，但这完全是出自下意识的反应。

3. 当在上杆过程中将球杆挥离球时，只用上面手，而让下面手顺其自然地做出跟随动作

- 在理想的上杆动作里，下面手在以下方面所起的作用至关重要。
—— 保证正确的挥杆平面。
—— 使杆面处于方正状态。
—— 对球杆进行必要的控制。
- 在上杆时应同等使用双手，这样才不会使它们发生互相牵制的情况。
- 上杆时缺少对下面手的使用会使上面手成为主宰，这会导致球杆出现横摆，从而造成挥杆平面过于扁平。

4. 左臂保持伸直且左肘靠近身体。这个动作很难让你拥有正确的挥杆平面。若你硬要尝试，上杆就会出现如下情况

- 挥杆平面非常扁平。
- 挥杆距离非常之短。

5. 降低重心且保持头部向下的动作

头部向下是让眼睛盯住球而不是努力压低身体或保持头部向下。在球杆击中球后，眼睛要跟随球而动。球员在结束挥杆时身体应该直立，并且面向目标方向。

6. 左臂伸直

- 球员在整个挥杆过程中都试图左臂伸直会导致杆头在击球瞬间呈开放状态。
- 球会发生右曲，且飞行距离缩短。
- 应允许左臂在不感到僵硬的情况下伸直，只要其在击球后能够自然弯曲即可。这是因为每个人的柔韧性不一样。

7. 用左臂将球杆从上杆顶点处向下拉拽以启动下杆

这是错误动作，原因是：
- 拉拽的力量是直线运动，而挥杆是一个圆周运动。
- 由于挥杆是圆周运动，为挥杆所做的每一件事都应该围绕圆来实施。
- 拉拽的动作会让靠向目标方的手臂发紧，从而降低手腕的灵活度。

其结果是：
——击球距离很短。
——击出的球会发生右曲。

8. 在上杆时将重心移至后脚

- 导致失去挥杆中心。
- 造成身体的晃动。
- 导致动作出现严重的不连贯，因为挥杆中心在击球前必须重新建立，否则杆头就无法重新做到与目标线保持垂直。
- 需要进行大量的练习才能把握正确的重心转换时机和重新建立挥杆中心。

9. 在下杆时将重心移至前脚

- 重心移至前脚要与挥杆的动作协调一致。
- 球员在主观上永远无法掌握重心移动的正确速率，因此要么偏早，要么偏晚，但大多数情况下会是偏早。这种情况会导致右曲球的出现。
- 球员重心向前脚的转移应与低手将球扔出时的重心转移完全一样，是自然出现的结果性动作。

10. 在上杆时让重心保留在右脚内侧

- 这样的想法都会使肩膀和臀部的转动出现不足。
- 下杆时出现由外向内的挥杆。

11. 在下杆时让位于目标一侧的臀部为挥杆腾出空间

- 臀部的动作应与身体其他部位一样，是对球杆挥动做出的反应。
- 当进行挥杆时，臀部的动作形态有三种。
  ——倾斜
  ——转动
  ——向前方移动
- 球员要做出正确的动作，先要明确以下情况：
  ——臀部的三种动作分别应做到什么样的幅度。
  ——每种动作形态什么时间开始。
  ——每种动作应以多大的速率进行。
  ——在使用不同球杆时，三种动作的相应幅度分别应该是多大。随着球杆长度增加和挥杆平面更加扁平，如何变化三种动作的变化程度。

12. 铁杆应向下挥击，而木杆应向上挥击

- 挥杆就是前后和来去的动作，这一性质并不因球杆名称不同而发生变化。
- 只有两种情形需要向下的挥杆，这两种情形全部是在沙坑里。
  ——深埋在沙里的球位。
  ——荷包蛋或下陷的球位。

13. 在下杆时使用双腿、双脚、臀部及肩膀

- 使用以上任何部位都会破坏如下的情形：
——杆头在击球时的方正。
——向前方，也就是向目标的挥杆方向。
- 必须让身体对挥杆动作自然做出反应，而不是以身体动作来控制挥杆。
- 对身体任何部位的使用都会对挥杆造成破坏。
- 在挥杆时，不同的身体动作会产生不同结果。
——右曲球。
——左拉球。
——击球距离很短。
——永远不会出现扎实的直线球。

14. 在上杆时将球杆整体挥离球

- 杆头易发生关闭
- 球杆整体是不可能达到上杆顶点的。对整支球杆进行上杆会对必要的手腕动作构成影响，而手腕的动作是使球杆到达肩膀上方的关键。上挥整支球杆的做法仅仅适用于上杆的前半段过程，而在这之后，球员必须要增加一些动作来完成上杆的剩余部分。
- 这样做还容易使肩膀严重倾斜，从而阻止肩膀做出足够的转动。

15. 将球杆沿直线方向挥离球

- 这会导致由外向内的挥杆，除非球杆在开始下杆时，又重新回到正确的挥杆平面。以这个动作打短铁杆时，球会直接飞向左边，而在打长一些铁杆和木杆时，出现右曲球是很正常的现象。
- 既然挥杆是圆周运动，所有与之相关的元素就都应该与直线运动无关。
- 如果球员以圆周以外的任何动作使球杆离开球，则其在下杆时为了能够让球杆与目标线保持垂直就势必要对球杆做出不应有的控制动作。

135

附录二　高尔夫球战术实训图片

为了方便学生进行高尔夫球战术训练和教师进行实训教学。特制作了各种带有策略要点提示的球场攻略图、球道图等。使用方法建议如下：在进行项目教学中的练习场训练，球场训练时可以按照教材插图进行大风天模拟比赛训练，按照球道图进行模拟练习，不同球洞区通道攻略。结合个人技术特点进行不同球道、不同球位的击球策略训练。例如：在练习场训练时，选择插图中的不同球道进行模拟训练，在障碍区实战训练时，选择有障碍区的球道图进行情景模拟训练，并可以模拟不同球场、不同球道特点、不同季节、不同气候条件、不同比赛方式等多种形式的模拟训练。

1. 发球台实战策略

右曲球的条件
一个右狗腿洞的球道特点、气候条件、球员打球特点等各种因素适合能发挥球员的强项，适合采用右曲球策略

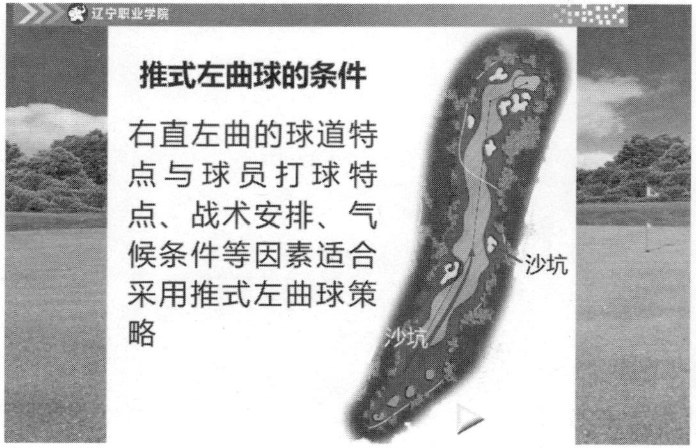

推式右曲球的条件
一个右直再右曲的球道特点和气候条件、球员打球特点等各种因素适合发挥球员的强项，适合采用推式右曲球策略

直球的条件
球道特点、气候条件，球员打球特长等因素适合能发挥球员的强项，适合采用直球策略

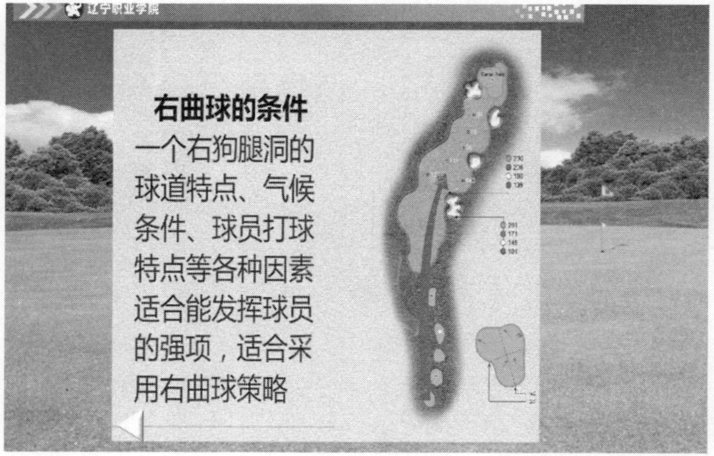

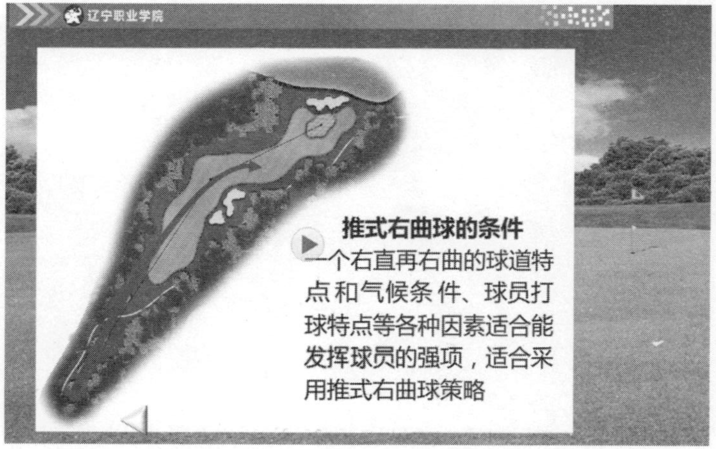

推式左曲球的条件
右直左曲的球道特点与球员打球特点、战术安排、气候条件等因素适合采用推式左曲球策略

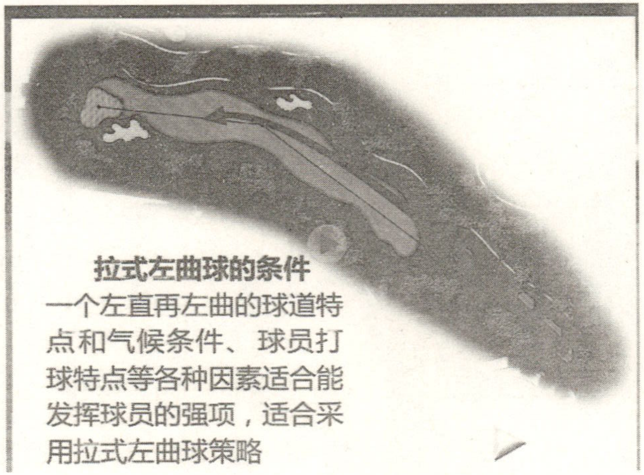

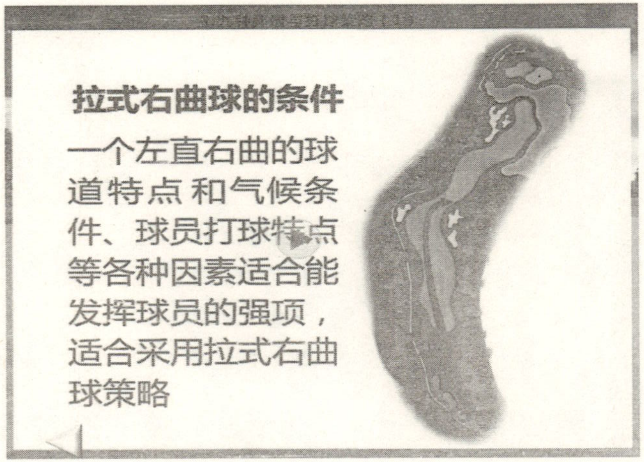

拉式右曲球的条件

一个左直右曲的球道特点和气候条件，球员打球特点等各种因素适合能发挥球员的强项，适合采用拉式右曲球策略。

拉式左曲球的条件

一个左直再左曲的球道特点和气候条件，球员打球特点等各种因素适合能发挥球员的强项，适合采用拉式左曲球策略。

低平球策略

1. 使球从树中间或较低的树冠下穿过或遇强风时，要打较低的球以保证安全。
2. 低平球使用杆面较小的球杆，使用木杆或长铁杆。
3. 杆面角小使球的飞行弹道低而平，避免打到树木。

高弹道策略

1. 高弹道一般用于使球越过树木或其他较高的物体时的打球策略。
2. 打高球有一定冒险性，须根据树或妨碍物的高度和球与树的距离远近进行分析。
3. 判定球是否确实有可能越过去，再确定球的飞行高度。

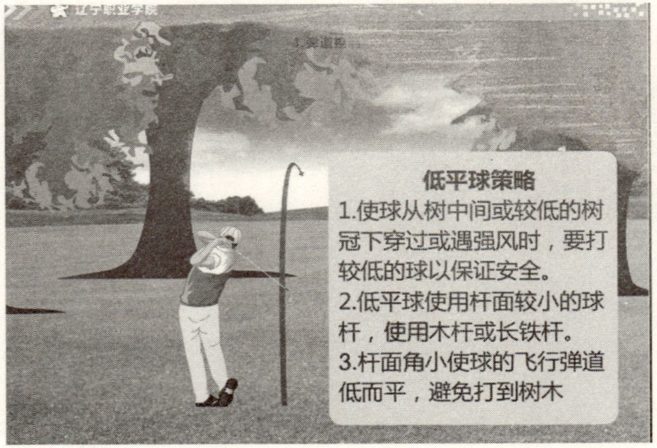

2. 弹道控制策略

138

3. 风天打球策略

左侧风打球策略
1. 从左到右的侧风，会让球偏向右侧，让击球曲线更加严重。
2. 从球速上可以选择3号木，而非发球杆。
3. 稍稍关闭杆面（强势握杆），产生曲向左边的挥杆路径，采取更大的杆面内倾角，让双手握杆时稍稍偏向右侧，并瞄向旗杆左侧（如果空间允许），球将会很快停下来。

风中推杆策略
1. 在强风中进行推杆，做好心理准备并保持身体平衡。
2. 加宽站位1～2英寸，以获得更佳的稳定性。
3. 在杆坚硬、快速的果岭上，推球时要小心，避免杆头触及球后方地面。

侧风补救方法
利用侧风补救方法与球员打球的特点、球道特点、战术安排进行合理配合打出好球的方法，球员合理利用侧风补救方法把球攻到球道的最好的落球区域，侧风补救方法目的是将球击入错形区域。

右侧风打球策略(1)
1. 球手倾向于打出右曲球或者轻微右曲球，所以当他遇到从右到左的风时似乎没有问题。
2. 在风中自动瞄准可以让杆面路径从内向外，让球格球带回球道上。
3. 左曲者，弱势握杆，打出比正常弹道更低的弹道，打出从左到右的弹道。

139

4. 推杆策略

从左向右的推击线

一是击球线附近的距离；二是弧线的最高点；三是进洞线。看清斜坡和推击距离，找准斜坡距离感和速度感，适当加大推击线

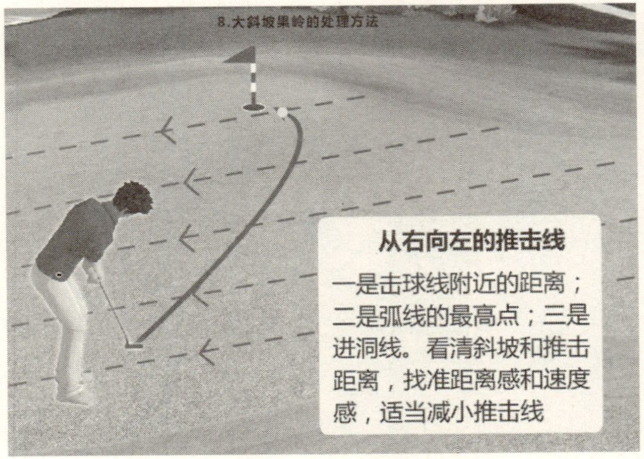

大斜坡果岭推杆策略

推杆成功的关键在于确定球线的起始方向，一旦确定后，它便作为瞄准的方向确定起始点，直接沿球线的起始方向推杆，斜坡将改变球滚动的方向。

常见规律

1. 靠近球洞的斜坡使球滚动弯曲更大，球运动时接近停止，球移动速度放慢。
2. 斜坡靠近击球点以较快的速度滚准点，击球后影响球的速度滚动，球滚动不会大幅度的弯曲，但会改变方向

从右向左的推击线

一是击球线附近的距离；二是弧线的最高点；三是进洞线。看清斜坡和推击距离，找准斜坡距离感和速度感，适当减小推击线

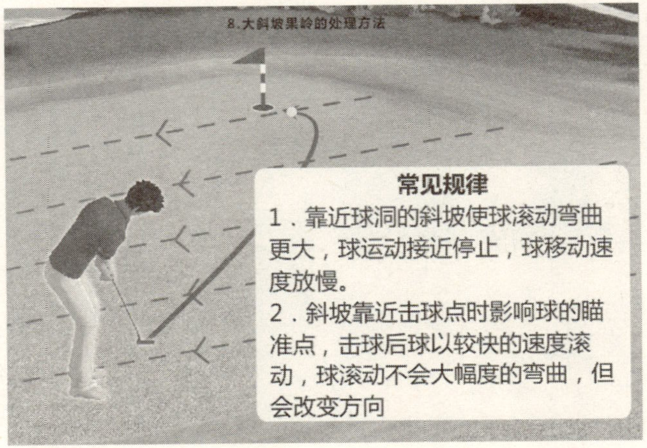

8. 大斜坡果岭的处理方法

5. 攻果岭策略

影响最佳击球方式的因素
1. 球位
2. 地面的坡度
3. 障碍区位置
4. 你能看到什么
5. 你最好的短杆距离
6. 当你击的球在一棵树的后面时
7. 高球或低球
8. 果岭上的大斜坡

改变锥形的因素
1. 风
2. 地面硬度
3. 球位
4. 旗杆位置
5. 与球洞位置相关的困难
6. 球洞附近地面坡度方向

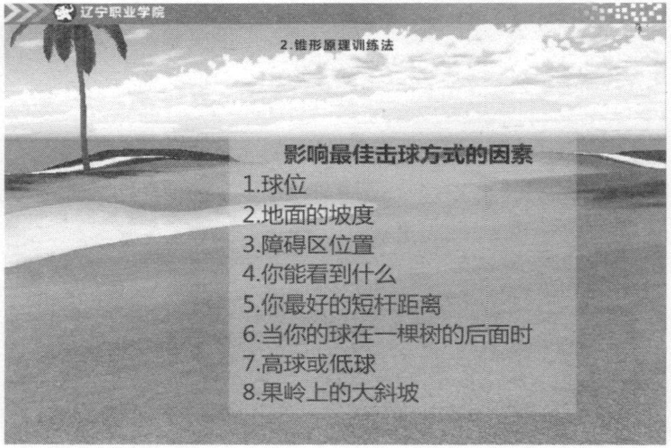

锥形原理训练法
球不在锥形区内，攻旗杆的难度会增大。从这一球位进攻，或采取红灯防守打法，将球打进果岭附近锥形区域，开球目的是将球击入锥形区域

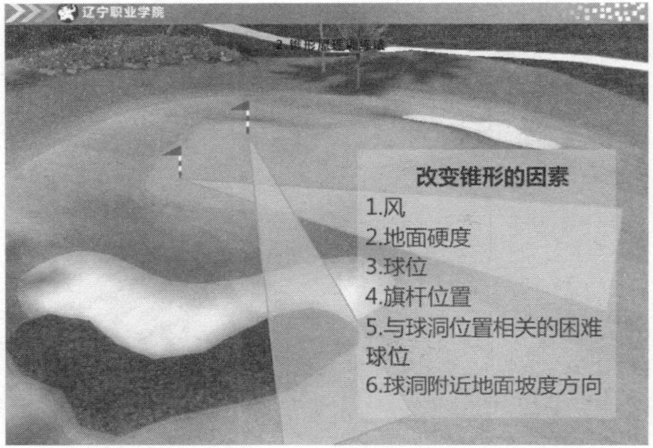

锥形原理训练法
用于确定进攻球洞最好的落球区域。球员能够将球击入锥形区域，则下一杆进攻果岭为绿灯

6. 距离控制策略

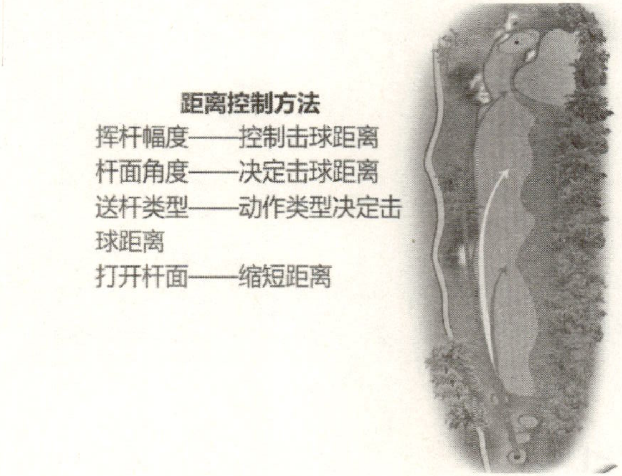

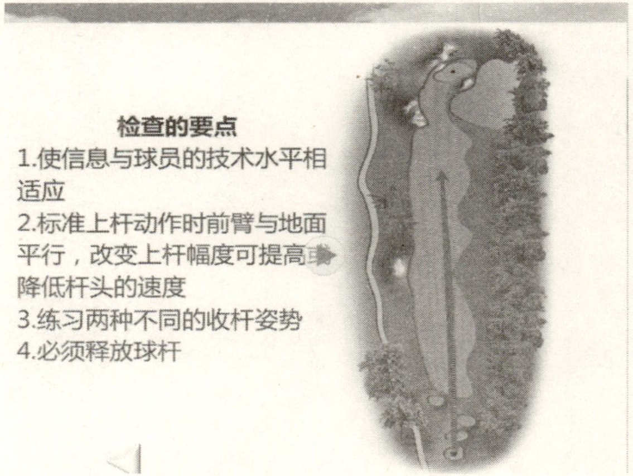

检查的要点
1. 使信息与球员的技术水平相适应
2. 标准上杆动作时前臂与地面平行，改变上杆幅度可提高或降低杆头的速度
3. 练习两种不同的收杆姿势
4. 必须释放球杆

距离控制方法
- 挥杆幅度——控制击球距离
- 杆面角度——决定击球距离
- 送杆类型——动作类型决定击球距离
- 球距离
- 打开杆面——缩短距离

7. 沙坑击球策略

远距离的收杆姿势——双臂伸向体外，用与长铁杆一样的送杆方法，有助于增加击球距离。杆柄应指向目标

短距离的收杆姿势——让球杆更靠近你的身体，确保双手低于腋离的高度，击球的距离会缩短，杆柄仍然指向身体

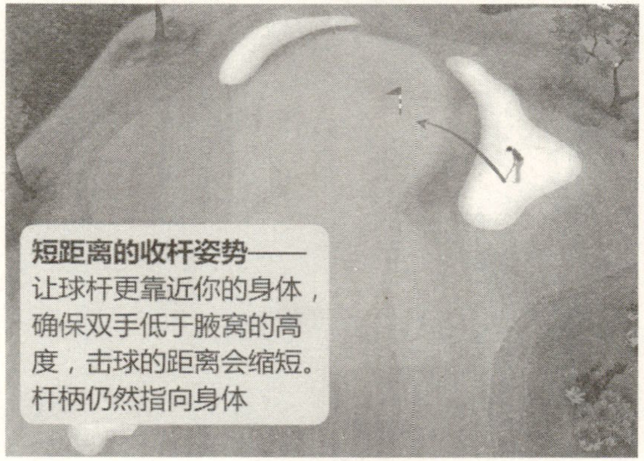

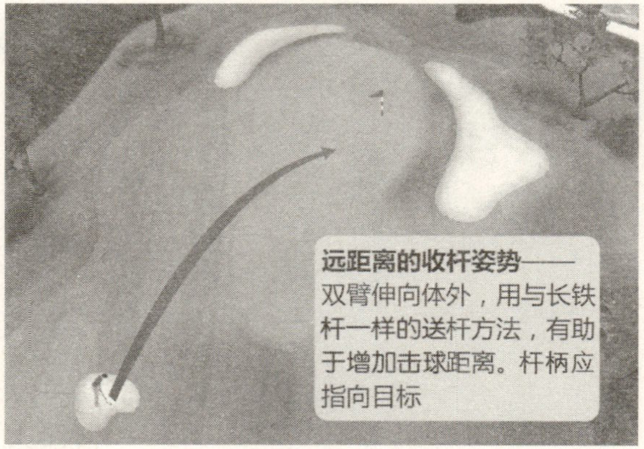

8. 球场策略

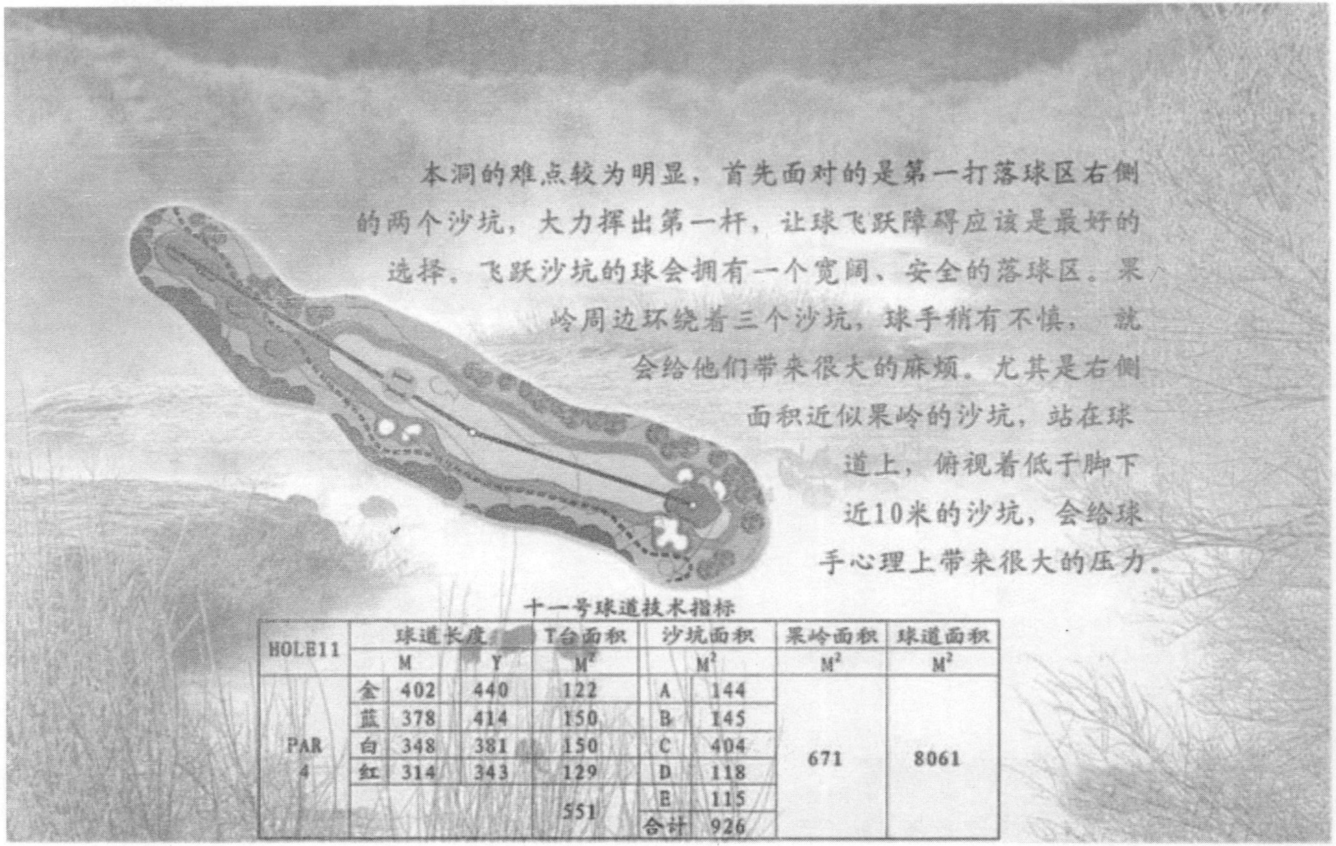

本洞的难点比较明显，首先面对的是第一打落球区右侧的两个沙坑，大力挥出第一杆，让球飞跃障碍应该是最好的选择。飞跃沙坑的球会拥有一个宽阔、安全的落球区。果岭周边环绕着三个沙坑，球手稍有不慎，就会给他们带来很大的麻烦，尤其是右侧面积近似果岭的沙坑。站在球道上，俯视着低于脚下近10米的沙坑，会给球手心理上带来很大的压力。

十一号球道技术指标

HOLE11		球道长度 M	Y	台台面积 M²	沙坑面积 M²		果岭面积 M²	球道面积 M²
PAR 4	金	402	440	122	A	144	671	8061
	蓝	378	414	150	B	145		
	白	348	381	150	C	404		
	红	314	343	129	D	118		
					E	115		
				551	合计	926		

本洞依托地形，球道斜切山脉，逆势而上，为本洞增加了不少难度。第一打路径上没有任何障碍，但落球区后方的巨大沙坑，限制了球手的击球距离，第二打不仅要飞跃中途的沙坑，还要逆势而上近20米，困难程度不言而喻。果岭周边的沙坑也再次为球手进攻果岭制造了一定的障碍。此球道难度系数极高，需要球手树立良好的自信。

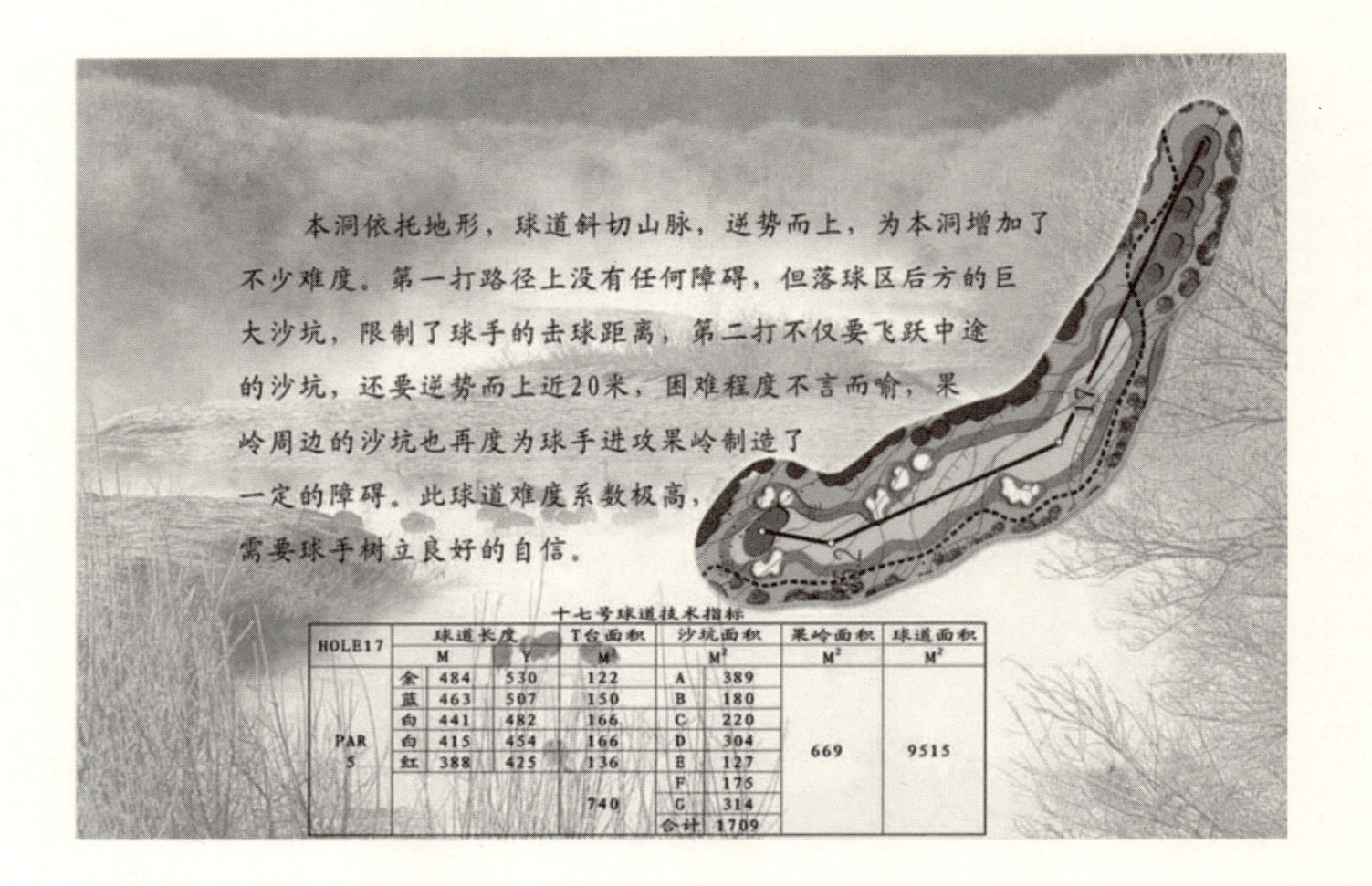

十七号球道技术指标

HOLE17		球道长度 M	Y	T台面积 M²	沙坑面积 M²		果岭面积 M²	球道面积 M²
PAR 5	金	484	530	122	A	389	669	9515
	蓝	463	507	150	B	180		
	白	441	482	166	C	220		
	白	415	454	166	D	304		
	红	388	425	136	E	127		
					F	175		
					G	314		
				740	合计	1709		

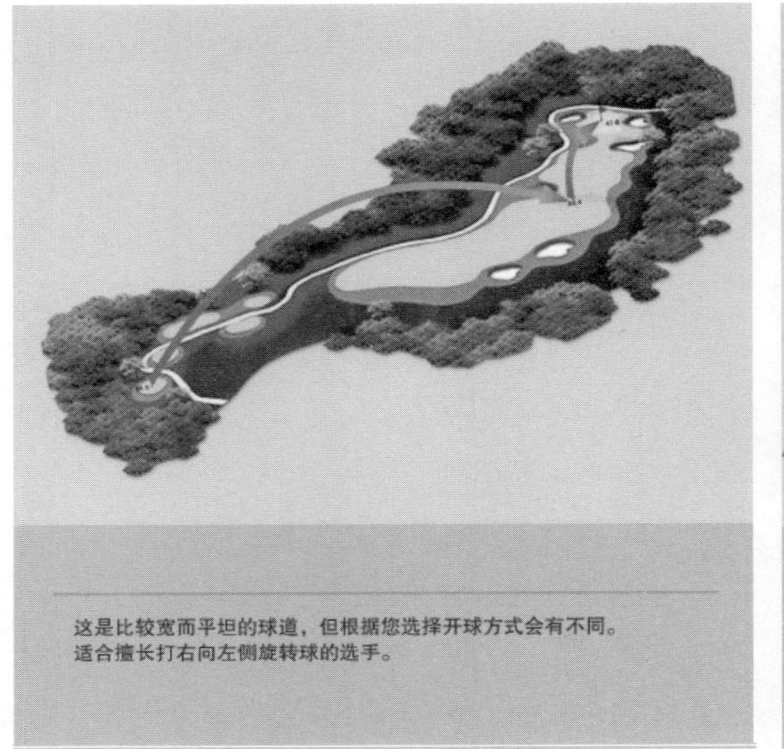

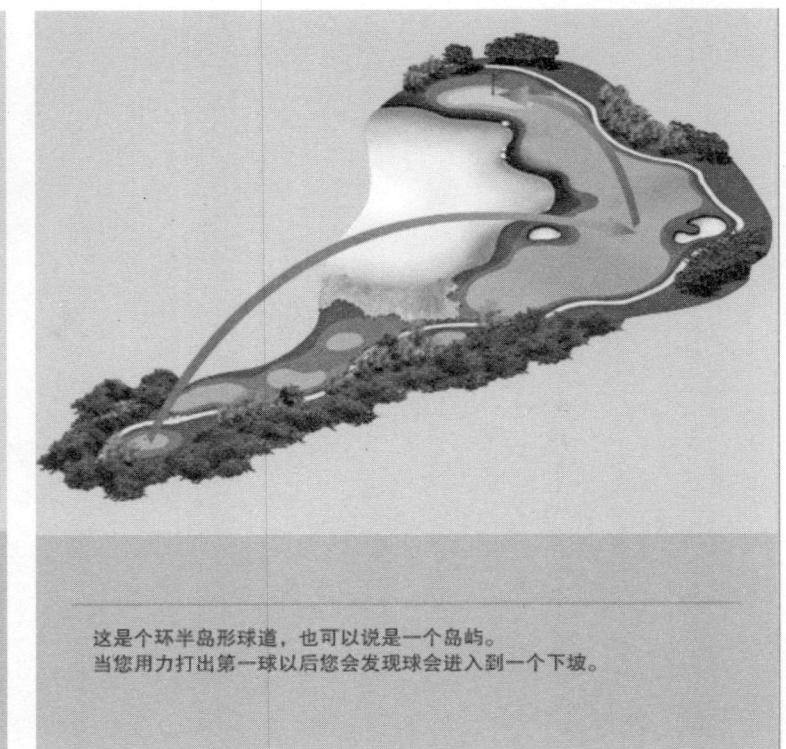

这是个环半岛形球道，也可以说是一个岛屿。当您用力打出第一球以后您会发现球会进入到一个下坡。

这是比较宽而平坦的球道，但根据您选择开球方式会有不同。适合擅长打右向左侧旋转球的选手。

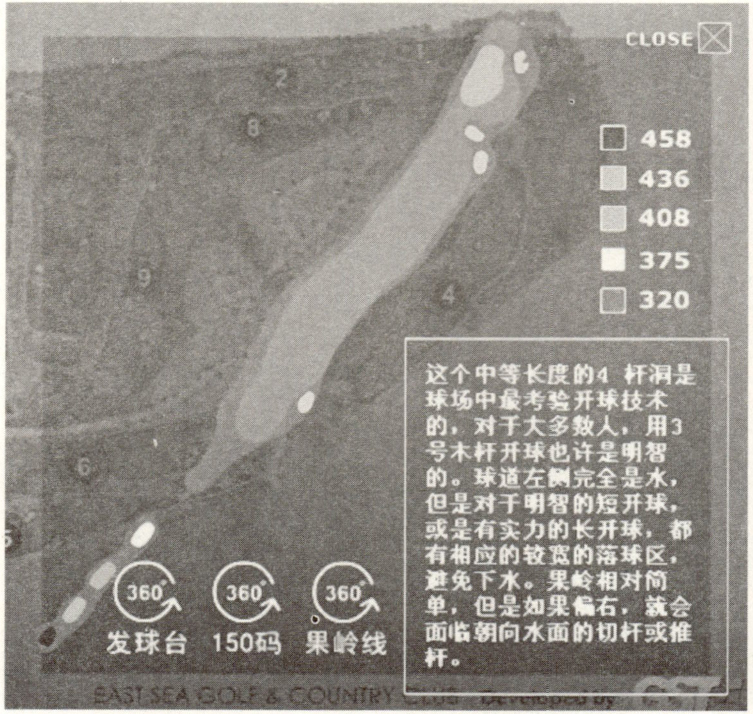

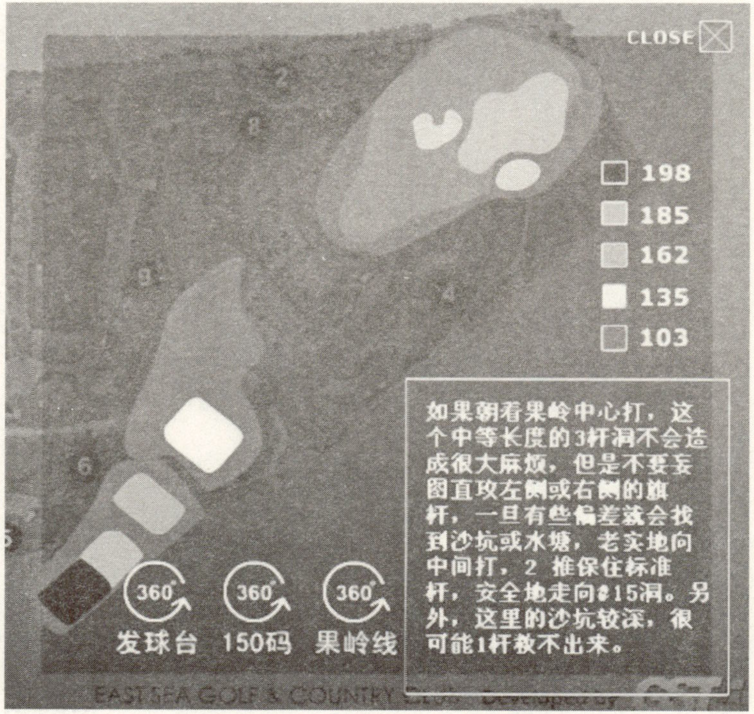

高尔夫球战术训练

长距离周湖3杆洞
男子职业Tee160码
男子业余Tee143码

果岭四周湖泊环绕，在中国北方球场是不多见的岛中果岭，应该说是不多见的岛中果岭，周围没有长草，攻上果岭时千万不要让球冲击太快！

球道：A2

- 全球过山墨120码，到沙坑前215码，过沙坑240码。
- 到球墨落分控前195码。
- 蓝球过山墨到球路进110码，到左侧第一沙坑前200码，过沙坑225码。
- 白球过山墨到球路进55码，到左侧第一沙坑前170码，过沙坑195码。
- 第一击球方向左侧的沙坑与球车道的中心线偏右，此洞首用铁杆或横三号五号木杆，长打者使用一号木或发起岭，左侧沙坑后方另水障碍。
- 冒险攻略一号木次击球往东西方向。

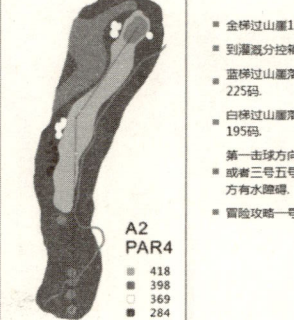

A2
PAR4
418 398 369 284

标准4杆洞
男子职业Tee402码
男子业余Tee373码

果岭右侧有1个水域障碍，球道中丘陵跌宕起伏，球手须用心去思考击球策略和进攻路线。

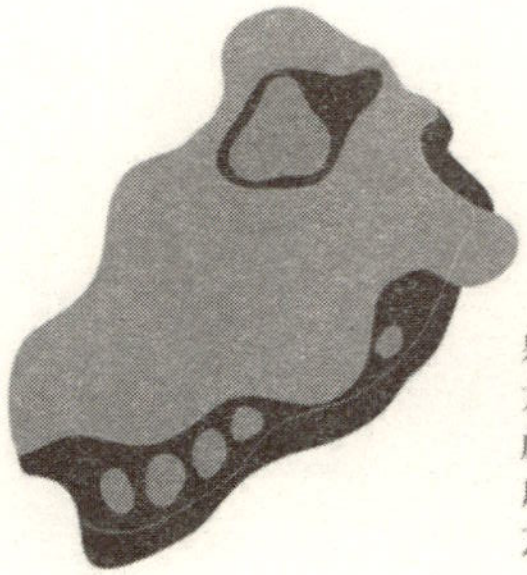

球场最难3杆洞
男子职业Tee195码
男子业余Tee168码

打左，打右，打短，均会使球员利不偿失。前方的主攻像一个夫屏障守护着果岭，如果球攻不上果岭，落到坡下，那么最稳妥的处理方式是将球朝发球台方向打，再向果岭发起第二次进攻。这样也许会避免失去更多的杆数。

147

9. 练习场模拟训练

10. 球场策略训练

下坡球位打法——双肩与地面平行

上坡球位攻击策略

瞄球

主要参考文献

1. 史提夫纽威尔. 图解高尔夫完全学习手册. 林虹均, 译. 北京: 电子工业出版社, 2009: 113.

2. 克里斯托夫·R·欧泊兹. 经典高尔夫图解教程. 罗炯, 龙小安, 译. 北京: 电子工业出版社, 2013: 196.

3. 张忠秋. 心理咨询与心理调控手册. 北京: 北京体育大学出版社, 2012: 54.

4. 加里·普莱耶. 高尔夫完全手册. 朱新蕊, 沙景湘, 译. 长沙: 湖南科学技术出版社, 2008: 108.110.

5. 耿玉东. 高尔夫经典技法100篇. 北京: 人民体育出版社, 2005: 197.

6. Stuart Leong. 中国高尔夫球协会职业教练员教材（中级）. 王正夫, 译. 2008: 92.120.127.138.

7. 让-皮埃尔·泰拉兹. 跟大师学高尔夫. 治棋, 译. 北京: 电子工业出版社, 2013: 101.

8. 王晓钧. 高尔夫心理学. 乌鲁木齐: 新疆人民出版社, 2009: 509.522

9. 皮尔斯·李. 高尔夫练习日志. 葛莉, 谭颖文, 译. 沈阳: 辽宁科学技术出版社, 2010: 138、164.

10. 麦纽·德拉托雷. 悟透高尔夫. 李晖, 译. 北京: 电子工业出版社, 2013: 142、144; 150、152.

图书在版编目(CIP)数据

高尔夫球战术训练/安铁民主编. —北京：人民体育出版社，2015
ISBN 978-7-5009-4757-8

Ⅰ.①高… Ⅱ.①安… Ⅲ.①高尔夫球运动-运动训练-高等职业教育-教材 Ⅳ.①G849.32

中国版本图书馆CIP数据核字(2014)第304103号

*

人民体育出版社出版发行
三河兴达印务有限公司印刷
新 华 书 店 经 销

*

787×1092　16开本　10.25印张　190千字
2015年10月第1版　2015年10月第1次印刷
印数：1—1,500册

*

ISBN 978-7-5009-4757-8
定价：30.00元

社址：北京市东城区体育馆路8号（天坛公园东门）
电话：67151482（发行部）　　邮编：100061
传真：67151483　　　　　　　邮购：67118491
网址：www.sportspublish.com

（购买本社图书，如遇有缺损页可与邮购部联系）